Radio online, la guía definitiva

Javier Jiménez

Radio online
la guía definitiva

Todo lo que necesitas saber para iniciar,
desde cero, tu proyecto de radio online

1ª edición. Marzo 2016

© del diseño de la portada, departamento de Arte de Comunicación y Actividades Deportivas
© Javier Jiménez, 2016
© Comunicación y Actividades Deportivas, S. L., 2016
www.ellibrodelaradioonline.com
Fotografías: 123RF
ISBN-10: 1530263662
ISBN-13: 978-1530263660

ÍNDICE

A mi mujer Alicia y a mi hijo Alex, sin vosotros no hubiera sido posible llegar hasta aquí.

Este libro está dedicado a todos y cada uno de quienes me habéis acompañado durante tantos años, apoyando fielmente mis proyectos, prestándome vuestro tiempo y dejando de ser meros compañeros de profesión para convertiros en incondicionales amigos. Se que no necesitáis que os nombre para reconoceros en estas líneas

PRÓLOGO

Cuando Javier Jiménez tuvo la amabilidad de ofrecerme prologar su libro y me habló sobre sus contenidos, que posteriormente he leído con detenimiento, admito que recibí casi con más agradecimiento que ilusión, que también, su iniciativa.

Es improbable que imaginéis los que estáis leyendo este texto cuantas personas han solicitado a nuestra estimada asociación sectorial AERO -*Asociación Española de Radio Online*- información sobre todos o algunos de los aspectos que resuelve la lectura de este libro, y a los que imagino cuanto ayudará en la toma de decisiones para la puesta en marcha de sus proyectos de radio online, de forma que de entrada lo que podemos decir es gracias Javier, es una gran iniciativa, muy necesaria.

Tenéis en vuestras manos una guía que explica con suficiente detalle y sin florituras todo lo que debéis tener en consideración inicialmente para crear una radio y emitir al mundo con éxito. Desde una visión histórica, pasando por recursos, su lenguaje, técnicas y tecnologías a tener en cuenta, fórmulas y formatos de radio online, además de casos de éxito y un glosario de términos radiofónicos de gran utilidad.

Y es que hoy es posible para quien lo desee, con recursos muy razonables, básicamente a partir de tener algo que contar, algo interesante para un público determinado, crear un proyecto que sitúe a nivel global una iniciativa semejante. Javier da respuestas concretas que resuelven cada aspecto de modo brillante, resumido, directo y en definitiva útil, y desmitifica aquellos tópicos que cuestionan en demasiadas ocasiones a quienes pueden o deben tomar una iniciativa semejante.

La radio online, sí, una radio muy diferente a como ha sido la radio de siempre como descubriremos con la lectura de este libro. Los múltiples dispositivos de escucha, la democratización de internet, los cambios en los usos y hábitos de los oyentes, la transformación de los móviles como los nuevos transistores, la interactivación como fundamento de la nueva comunicación en lugar del uno a muchos, la socialización y a partir de ésta el interés por la compartición e incrementar las nuevas oportunidades de viralización, la fulminación de facto de la frontera de la antena, y la reducción de costes de difusión son solo algunos de los aspectos a tener en cuenta y que ratifican esta afirmación.

Es por tanto, una gran oportunidad para personas con talento y que sepan atender a los recursos que define con gran elocuencia el libro que tiene en sus manos y convertirlos en productos de éxito. He encontrado en este camino de conocimiento de múltiples proyectos a personas que vienen de la radio, a músicos que buscan un modelo o una iniciativa de difusión de sus contenidos, e incluso a personas que jamás se habían planteado que la radio les dotaría de una opción de proyecto profesional.

Le animo a dejarse seducir por la ilusión de crear y difundir, y además a encontrar la fórmula para vivir de ello. Aquí tiene las herramientas.

Elisa Escobedo
Presidenta de AERO
Asociación Española de la Radio Online

BREVE HISTORIA DE LA RADIO EN INTERNET

Para hablar de radio en Internet hay que remontarse a principios de la década de los 90. Corría el año 1993 cuando la WXYC, la emisora de la Universidad de Carolina del Norte, emitía desde sus instalaciones en Chapel Hill el primer programa por Internet. En aquel momento se abría un prometedor y utópico futuro que Carl Malumud materializaba en "Internet Talk Radio" con una programación que consistía en programas que previamente había grabado, dando lugar a lo que en la actualidad conocemos como "podcasts", y que sirvió como embrión a Radio HK, la primera emisora comercial que emitiría exclusivamente por Internet las 24 horas.

En esa misma época, la CBC (Canadian Broadcasting Corporation) realizaba un estudio en el que pudo constatar, después de una emisión experimental, que existía una demanda muy alta entre sus oyentes lo que impulsó a la cadena canadiense a adoptar un servicio permanente en Internet. Con la experiencia de sus vecinos del norte sobre la mesa, fueron muchas las estaciones estadounidenses que se pusieron en marcha ese año. RT-FM empezó a trasmitir desde Las Vegas, Radio Screenprinters lo hacía desde Texas y la WREK, que hasta la fecha emitía desde Atlanta a través del 91.1 de la FM, comenzó sus emisiones usando su propio software al que llamó Cyber Radio1. Lógicamente, en un mundo al que Internet ha hecho global, la radio online no podía ser privativa del continente americano y pronto se expandió alrededor del mundo llegando a Asia de la mano de la cadena pública RTHK (Radio Televisión Hong Kong) que transmitía por Internet todos sus programas de radio.

A Europa llegó en 1996 a través del Reino Unido de la mano de Virgin Radio, que se sirvió de su señal convencional para entrar en el mundo online. Un año después, el 14 de mayo de 1997 y coincidiendo con el centenario de la fecha en que Marconi dio a conocer su descubrimiento, Radiocable comienza sus emisiones convirtiéndose en la primera emisora comercial por Internet en España. Un referente que Fernando Berlín ha conseguido mantener hasta el día de hoy sumando a su carrera numerosos premios entre los que destaca el prestigioso 'Ondas' a la Innovación Radiofónica.

Volviendo a los planteamientos originales de Malumud, este pretendía alcanzar un universo de 14 millones de oyentes en 106 países alrededor del mundo. Aquella cifra, que seguramente el bueno de Carl había calculado a ojo, ha superado con creces sus expectativas. Sólo en los Estados Unidos son más de 103 millones de personas las que escuchan la radio a través de la Red, o lo que es lo mismo, más o menos el 39% de la población. En España, según un estudio hecho público por Interactive Adversting Bureau (IAB) a finales de 2014, el 33,6% de los internautas reconoce escuchar la radio online a diario. Esto supone una cifra de audiencia cercana a los 13 millones que, en palabras de la propia IAB Spain – asociación que representa al sector de la publicidad, el marketing y la comunicación digital en nuestro país- "pone en valor a la radio por Internet como medio de comunicación y como una plataforma publicitaria eficaz. En octubre de 2015, la revisión del estudio de IAB, arrojaba un saldo mensual de oyentes cercano a los 24,7 millones.

A la vista de estos datos y sumando los bajos costes de producción que conlleva, la ausencia de trámites administrativos, unos oyentes que dedican una media de 174 minutos al día a escuchar su programación favorita a través del ciberespacio y, lo más importante, sin la escasa cobertura geográfica de las FM, cabe pensar que una emisora online es un buen negocio para el emprendedor que encontrará oyentes que recurren a Internet para recabar información sobre temas que no le ofertan en los medios generalistas y que rápidamente se fidelizan con esa programación.

Paradójicamente, para llegar a estos niveles de aceptación lo primero fue superar la esclavitud del ordenador. Con la llegada de los teléfonos inteligentes, siempre en nuestros bolsillos, y que de alguna forma nos traen a la memoria aquella imagen tan setentera del 'transistor', las emisoras se lanzaron al desarrollo de 'apps' que garantizaran al oyente gozar de absoluta libertad llegando incluso a sintonizar sus programas favoritos desde el coche gracias a la conectividad que ofrecen los equipos con Bluetooth. De esta forma, el oyente online reparte los 174 minutos de escucha diaria entre su casa, invirtiendo allí casi dos horas; su puesto de trabajo, donde dedica cuarenta y cuatro minutos a la radio online, y trece más durante sus desplazamientos.

El otro gran inconveniente eran los horarios. Ajustar una rejilla de programas que se adecuase a todas las necesidades parecía imposible. Sin embargo, la radio en Internet encuentra en los podcasts otra forma más de diferenciarse. Los programas dejan de ser efímeros y se perpetúan con una radio 'bajo demanda', que ofrece la posibilidad de reproducir un programa en cualquier momento y en cualquier lugar. Una de las cualidades que mejor han acogido los medios offline.

Antes de cerrar este breve repaso por la incipiente historia de la radio online quiero destacar dos hechos que considero de especial relevancia para el desarrollo del sector en España, y que nos diferencia de nuestro entorno. En primer lugar, el nacimiento de AERO (Asociación Española de la Radio Online) constituye un paso de gigante en la proyección y normalización de la radio por Internet en nuestro país. La entidad que preside Elisa Escobedo -a quien debo agradecer el prólogo de este libro y su inestimable ayuda a la hora de difundirlo- basa sus objetivos en la fuerza que garantiza el conocimiento y la experiencia compartida.

Durante su aún corta vida, la asociación ha creado comisiones de trabajo; los 'Premios AERO' y está dedicando esfuerzos y recursos a maximizar las opciones de monetización del medio, trabajando en su normalización y lo que es más importante, en el análisis, la investigación y la difusión de resultados analíticos que faciliten su comercialización como medio de comunicación eficiente en el mercado publicitario.

En este sentido, no puedo olvidarme de Audioemotion, una red publicitaria especializada en la comercialización de radio online, que ofrece extensas opciones de monetización. Esta entidad es objeto de investigación y emulación en muchos países y fue pionera, a nivel europeo, como la primera en situar el audio como un formato normalizado del entorno digital en nuestro país. Audioemotion mantiene estrechas relaciones con empresas anunciantes y centrales de medios, lo que garantiza los máximos resultados comerciales para las radios incluidas en su red. Una vez que complete la lectura de este libro, haya comenzado sus emisiones y se encuentre preparado para ganar dinero con su trabajo, sin duda encontrará en esta empresa un fiel compañero de viaje.

En definitiva, han pasado veintitrés años en los que se han ido sucediendo hechos muy relevantes desde aquella primera emisión. La radio por Internet es una realidad con una larguísima vida por delante y un camino por explorar en el que cada emisora encontrará su hueco, siempre que sea capaz de identificar un oyente cada vez más exigente y que busca la especialización de las emisoras. A usted le toca encontrar ese espacio y escribir con su programación la siguiente pagina de esta historia.

¿QUIÉN PUEDE HACER RADIO?

Está pregunta es muy sencilla de contestar. Usted puede hacer radio. De hecho, por eso está leyendo este libro. En realidad, cualquiera puede hacer radio, o al menos hacerla por Internet. Y pongo el acento en "por Internet" por que las emisiones online no están sujetas, al menos por el momento, a ningún tipo de requisito legal lo que permite no tener que formar parte de ningún gigante de la comunicación para poder acceder a concesiones administrativas. El único requisito para montar una radio online -más allá del equipo necesario para emitir y del que hablaremos más adelante con el suficiente detalle como para que pueda comenzar a instalar su estudio-, es tener algo que contar.

Decía en el capítulo anterior que una de las grandes bondades de las emisoras en Internet es su especialización. Las emisoras generalistas, cada vez más presentes en el mundo 2.0, lo que hacen es replicar su programación 'hertziana' a través de la web. Ese trabajo ya está hecho. Y muy bien hecho, por cierto, así que dejemos a un lado el parecernos a la COPE, Onda Cero, Radio Nacional de España o la SER, por poner algunos ejemplos. Nuestra emisora se va a dirigir a un público ávido por recibir información sobre un tema concreto ya sea por un interés profesional o, simplemente, por que es aficionado a una actividad determinada.

Elegir la temática de la emisora

Todos nosotros somos expertos en algo. Basándose en esta premisa, que si la analiza es más cierta de lo que a priori puede parecer, identifique y aproveche sus conocimientos para decidir sobre que tema o temas quiere hablar a sus oyentes. Pero cuidado, sus oyentes son aficionados a una temática determinada y buscan a alguien que amplíe sus conocimientos sobre determinada cuestión. En eso estribará el éxito de su emisora, en que conozca el tema mejor que la media. Todos llevamos dentro un entrenador de fútbol, es cierto, pero si quiere hablar sobre ello delante de un micrófono asegúrese de ser capaz de llevar al equipo hacia el título o sus oyentes se darán cuenta enseguida de su falta de conocimiento y dejarán de escucharle. Le sugiero que antes de lanzarse a emitir, medite detenidamente cual será la temática. Una vez elegida, adelante, hay todo un mundo al otro lado del altavoz deseando escuchar sus conocimientos. Entre tanto rebusque en su cabeza.

Su profesión y sus hobbies son las principales fuentes y garantizarán el éxito de su emisora. En todo caso estudie bien su mercado. Si usted es un ingeniero forestal que practica el ciclismo de montaña, es muy probable que encuentre la forma de combinar sus dos especialidades ampliando sus posibilidades de contenido. Por el contrario, si su profesión es la de agente de seguros y su afición los juegos de mesa, será difícil que pueda conjugar ambas cosas por lo que deberá decidir en que área tiene más conocimientos o con cual de ellas podrá ganar dinero. Sin duda, el objetivo de esta aventura que está a punto de iniciar es vivir de ella.

Llegados a este punto quiero dejarle claro que esto no es nada sencillo. Estas páginas están pensadas para enseñarle como puede llegar a ser trabajar en un medio tan apasionante como la radio y lo cómodo que puede ser hacerlo desde su propia casa, a tiempo parcial o como modo de vida, pero no seré yo quien le diga que esto es fácil. No lo es, pero tampoco es imposible. Es el fruto de la dedicación y de echarle muchas horas a preparar temas, entrevistas, músicas y, por encima de todo, a contárselo a sus oyentes que cuanto más crezcan a más exigencias con usted mismo le llevarán. Es la radio en zapatillas, si, pero, y discúlpeme la expresión, nunca en calzoncillos. Por eso, para que su emisora tenga éxito, debe añadir a la ecuación una variable más: el horario de trabajo.

Creo que la historia del escritor John Cheever puede ser bastante ilustrativa en este sentido. Este neoyorquino había instalado su 'despacho' en una habitación en los sótanos del edificio de apartamentos de Park Avenue donde vivía. Cheever se levantaba cada mañana, y como uno más, tras el preceptivo aseo se vestía para ir al trabajo y, maletín incluido, se metía en el ascensor junto a sus vecinos. Solo le diferenciaba de la masa que el seguía bajando una planta más después de que todo el mundo se hubiera quedado en el vestíbulo dispuesto a salir a la calle. Ya por la tarde, de vuelta del trabajo, volvía a coincidir con sus vecinos en el ascensor. Por supuesto no quiero que se vaya a trabajar al sótano, su salón es sin duda mucho más confortable y más adecuado para nuestros fines. Sólo pretendo que el ejemplo del literato estadounidense sirva para ver que trabajar en casa no significa no tener horario y que, para lograr nuestros fines, debemos fijar una rutina. Durante el horario de trabajo debemos obviar, en la medida de lo posible, que estamos en nuestro hogar.

Tenga en cuenta, que salvo algunos privilegiados que cuentan con espacio suficiente para independizar el estudio de radio del resto de las dependencias, lo normal es tenga que compartir el comedor o cualquier otra estancia plagada de objetos empeñados en requerir nuestra atención y alejarnos de la concentración que exige nuestra condición de radiofonistas. Así que asegúrese de añadir a su lista de cualidades una férrea disciplina.

ASPECTOS LEGALES

Ya hemos elegido la temática de nuestros contenidos. Tenemos claro que le vamos a dedicar el suficiente tiempo y disciplina como para convertir nuestro proyecto en una realidad. Ahora toca ocuparse de algunos aspectos legales.

Doy por sentado que conoce cuales son sus obligaciones sociales y fiscales. Como trabajador autónomo ya habrá pasado por esos trámites, por lo que no nos detendremos en ello. Sin embargo, aunque en nuestro país no existe una licencia para las emisiones online como ocurre con la utilización del espacio radiofónico, sujeto a concesiones administrativas, si hay tres leyes que nos afectan especialmente y que debemos conocer, aunque sea someramente. En primer lugar, el mero hecho de prestar un servicio por Internet, nos introduce de lleno en la **Ley de Servicios de la Sociedad de la Información y del Comercio Electrónico**. También conocida como LSSI, la Ley 34/2002 de 11 de julio incorpora a nuestro ordenamiento legislativo una Directiva europea encaminada a regular las actividades económicas realizadas por Internet. Las personas que realicen actividades económicas por Internet u otros medios telemáticos (correo electrónico, televisión digital interactiva, la radio online...), siempre que la dirección y gestión de sus negocios esté centralizada en España están sujetas a ella. En este sentido es muy importante no caer en el error de pensar que, si contratamos un servidor, ya sea para alojar la web o para emitir por streaming, fuera de nuestras fronteras, no estamos sujetos a la Ley. El texto indica que "la utilización de un servidor situado en otro país no será motivo suficiente para descartar la sujeción a la Ley del prestador de servicios. Si las decisiones empresariales sobre el contenido o servicios ofrecidos a través de ese servidor se toman en territorio español, el prestador se reputará establecido en España".

Pero no se apure, cumplir con lo que marca esta norma es muy fácil. Ni siquiera necesitará contratar a un profesional del Derecho. El propio Ministerio de Industria, Energía y Turismo, creo una pagina web dedicada exclusivamente a la LSSI, donde se puede resolver prácticamente cualquier duda. No obstante, y para que pueda ir avanzando en este asunto, veremos a continuación los principales requisitos, empezando por la obligatoriedad de que los prestadores de servicios se identifiquen en su pagina web de una forma permanente, fácil directa y gratuita. La identificación debe incluir estos datos:

- Su nombre o denominación social y contacto: domicilio, dirección de correo electrónico y cualquier otro dato que permita una comunicación directa y efectiva, como por ejemplo un teléfono o un número de fax.

- Si la empresa está registrada en el Registro Mercantil o cualquier otro registro público, deberá señalar también el número de inscripción que le corresponda.

- En el caso en que la actividad que se ejerza precise de una autorización administrativa previa, los datos relativos a la misma y los identificativos del órgano encargado de su supervisión. Lógicamente, no será aplicable a todas las emisoras, pero es posible que alguna, por su contenido, esté sujeto este epígrafe y también al que advierte que, si se ejerce una profesión regulada, los datos del colegio profesional y el número de colegiado; el título académico y el Estado de la Unión Europea en que se expidió; la correspondiente homologación (en su caso); y los códigos deontológicos aplicables al ejercicio de su profesión.

- Su Número de Identificación Fiscal (NIF).

- Información sobre el precio de los productos, indicando si incluye o no los impuestos aplicables y los gastos de envío.

- Los códigos de conducta a los que esté adherido, en su caso, y la forma de consultarlos electrónicamente.

Otra de las particularidades de la LSSI que nos afectará es la que se refiere a la publicidad. La Ley nos obliga a presentarla como tal, de manera que no pueda confundirse con otra clase de contenido que figure en la web de la emisora. Lo mismo ocurre con las ofertas promocionales, los sorteos y los concursos o juegos.

Para no detenernos demasiado en este apartado, déjeme hacer hincapié en el envío de las comunicaciones comerciales que con toda seguridad acabará realizando. Si se quiere enviar una comunicación comercial a un usuario (por ejemplo, una newsletter con novedades) el usuario deberá haberlo solicitado o autorizado expresamente con carácter previo, lo que nos obliga a obtener de la Agencia Española de Protección de Datos la consiguiente autorización administrativa para el tratamiento de los datos personales de nuestros clientes. Un trámite fácil de realizar y gratuito.

Acabamos ya este apartado haciendo referencia a las famosas 'cookies' que permiten a los prestadores de servicios relacionados con Internet almacenar y recuperar datos sobre los usuarios almacenados en sus equipos. Cuando se empleen cookies se ha de recabar el consentimiento de los usuarios después de que los mismos hayan sido informados de manera clara y completa sobre su utilización y finalidad (en particular sobre los fines del tratamiento de los datos, con arreglo a lo dispuesto en la Ley Orgánica 15/1999, de 13 de diciembre, de Protección de Datos de Carácter Personal). Le resultará muy útil acudir a la guía sobre el uso de las cookies que ha elaborado la Agencia Española de Protección de Datos y que ha sido la primera de este tipo que se realiza en Europa.

Ley de Propiedad Intelectual y entidades de gestión

Superados los trámites con la Administración, tanto a nivel personal como de la web de la emisora, entramos de lleno en un tema tan complejo como la propiedad intelectual y los derechos de autor. Existe la creencia, desafortunadamente generalizada, que todo en Internet es gratis y que así debe de mantenerse sin importar el tiempo y el esfuerzo intelectual de los autores, y los recursos económicos invertidos por los editores. Un reciente estudio señala que cerca del 90 por ciento de los contenidos culturales que se descargan en España se hace de forma ilegal. Un dato mucho más clarificador es el que ofrece la Federación para la Protección de la Propiedad Intelectual (FAP), que asegura que cualquier película estrenada en España un viernes, está el sábado en no menos de treinta paginas web. Si hablamos de música los datos son demoledores. Se calcula que el valor de la industria musical se incrementaría en casi un 240% si no existiese este saqueo digital que se calcula en 6.773 millones de euros.

Bien es verdad que estás cifras se han rebajado con la entrada en vigor de la nueva Ley de Propiedad Intelectual (LPI), en vigor desde enero de 2015, y que protege las creaciones originales literarias, artísticas o científicas expresadas en cualquier medio, tales como libros, escritos, composiciones musicales, obras dramáticas, coreografías, obras audiovisuales, esculturas, obras pictóricas, planos, maquetas, mapas, fotografías, programas de ordenador y bases de datos. También protege las interpretaciones artísticas, los fonogramas, las grabaciones audiovisuales y las emisiones de radiodifusión.

Sujetos de los derechos de autor

La LPI considera autor "a la persona natural que crea alguna obra literaria, artística o científica", y va más allá explicando que considera objeto de propiedad intelectual a "todas las creaciones originales literarias, artísticas o científicas expresadas por cualquier medio o soporte, tangible o intangible", y no solamente los que conocemos en la actualidad, si no los que existan en un futuro.

La propiedad intelectual, explica la Ley, corresponde al autor por el solo hecho de su creación. Además, una vez adquirida, la condición de autor tiene un carácter irrenunciable; no puede transmitirse y no se extingue con el transcurso del tiempo, así como tampoco entra en el dominio público ni es susceptible de prescripción.

Sujetos de los otros derechos de propiedad intelectual

Artistas intérpretes o ejecutantes. Se entiende por tal a la persona que represente, cante, lea, recite o interprete en cualquier forma una obra. A esta figura se asimila la de director de escena y de orquesta.

Productores de fonogramas. Persona física o jurídica bajo cuya iniciativa y responsabilidad se realiza por primera vez la fijación exclusivamente sonora de la ejecución de una obra o de otros sonidos.

Productores de grabaciones audiovisuales. Persona o entidad que tiene la iniciativa y asume la responsabilidad de la grabación audiovisual.

Entidades de radiodifusión. Personas jurídicas bajo cuya responsabilidad organizativa y económica se difunden emisiones o transmisiones.

Los derechos de autor

En nuestro ámbito normativo los autores son benefi-
ciarios de derechos morales y patrimoniales, aunque en
estos últimos habrá que distinguir entre los relacionados
con la explotación de la obra, o prestación protegida, y
los compensatorios.

La legislación española es claramente defensora de
los *derechos morales*, reconocidos para los autores y para
los artistas intérpretes o ejecutantes. Estos derechos son
irrenunciables e inalienables, acompañan al autor o al artista intérprete o ejecutante durante toda su vida y a sus
herederos o causahabientes al fallecimiento de aquellos.
Entre ellos destaca el derecho al reconocimiento de la
condición de autor de la obra o del reconocimiento del
nombre del artista sobre sus interpretaciones o ejecucio-
nes, y el de exigir el respeto a la integridad de la obra o
actuación y la no alteración de las mismas.

Por otra parte, entre los *derechos patrimoniales* encontramos los relacionados con la explotación de la obra
que, a su vez, son objeto de una nueva división en la que
se observan unos derechos exclusivos, que permiten a su
titular autorizar o prohibir los actos de explotación de su
obra o prestación protegida por el usuario, y a exigir de
este una retribución a cambio de la autorización que le
conceda; y unos derechos de remuneración que obligan
al pago de una cantidad dineraria por los actos de explotación que se realicen, bien por ley o, en su defecto, por
las entidades de gestión.

Licencias Copyright, Copyleft y dominio público

Aunque quizás ha sido el boom de los contenidos culturales a través de Internet lo que nos hace más cons-

cientes de la existencia de los derechos de autor, estos no son ni mucho menos fruto de la era digital. Para conocer su origen debemos echar la vista atrás en el tiempo hasta el año 1710. En esa fecha, el parlamento inglés aprueba el Estatuto de la Reina Ana que está considerada como la primera norma sobre derechos de autor y en la que se puede leer el término *Copyright*. La única diferencia sobre los derechos del autor como los conocemos en España es que sólo afecta a los derechos patrimoniales, dejando al margen los morales.

El Copyright es la licencia más usada y también la más restrictiva ya que solo faculta al autor de la obra al uso de esta y debemos obtener permiso explicito del mismo si tenemos interés en hacer uso de ella. Por decirlo de una forma coloquial, "se mira, pero no se toca". También es la licencia por defecto. Si no encontramos nada que haga pensar lo contrario, debemos entender que se trata de una obra con Copyright. Esta licencia tiene un símbolo, reconocido internacionalmente, que se representa con una letra 'c' rodeada de un circulo, es decir, '©'

Los derechos de copia encuentran su oposición en los años setenta cuando en el ámbito de la informática comienza a utilizarse le término *Copyleft*. Este vocablo inglés se utiliza para designar el tipo de protección jurídica que confieren determinadas licencias para garantizar el derecho de cualquier usuario a utilizar, modificar y redistribuir una obra o sus derivados, siempre que se mantengan estas mismas condiciones de utilización y difusión, algo así como "toca lo que te permita el autor".

Esto es algo que resuelve muy bien Creative Commons. La organización estadounidense creada en 2002, utiliza una nomenclatura que nos indica cuales son los atributos que el autor nos permite manipular, hasta que punto, y en que condiciones. Por regla general, las licencias de Creative Commons se basan en cuatro condiciones: citar al autor de la obra, indicar si se puede o no hacer uso comercial de la misma, que la obra se debe distribuir o difundir sin modificaciones e implica que todas las obras derivadas permanezcan siempre bajo la misma licencia de la obra inicial. La combinación de ellas da lugar a los tipos de licencia Creative Commons existentes:

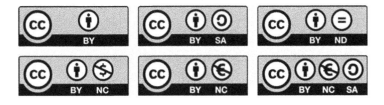

1) Reconocimiento (BY): En cualquier explotación de la obra se hará constar la autoría original.

2) Reconocimiento – Compartir Igual (BY – SA): Se hará constar la autoría de la obra original. Se permite el uso comercial de la obra y de las posibles obras derivadas, la distribución de las cuales se debe hacer con una licencia igual a la que regula la obra original.

3) Reconocimiento – Sin Obra Derivada (BY – ND): Se hará constar la autoría de la obra original. Se permite el uso comercial de la obra pero no la generación de obras derivadas.

4) Reconocimiento – No Comercial (BY – NC): Se hará constar la autoría de la obra original. Se permite la generación de obras derivadas siempre que no se haga un uso comercial y, asimismo, tampoco se puede utilizar la obra original con finalidades comerciales.

5) Reconocimiento – No Comercial – Compartir Igual (BY – NC – SA): Se hará constar la autoría de la obra original. No se permite un uso comercial de la obra original ni de las posibles obras derivadas, la distribución de las cuales se debe hacer con una licencia igual a la que regula la obra original.

6) Reconocimiento – No Comercial – Sin Obra Derivada (BY – NC – ND): Se hará constar la autoría de la obra original. No se permite un uso comercial de la obra original ni la generación de obras derivadas.

Por último, las obras que están en el *dominio público* pueden ser utilizadas, adaptadas, traducidas o modificadas por distintos autores para crear nuevas obras sin pedir permiso de ningún tipo a nadie. Este tipo de licencia contempla, esencialmente, dos situaciones: termina el periodo de vigencia de su protección por el derecho de autor, en España 70 años tras la muerte del autor, o este, voluntariamente, decide que su obra pase a dominio público, renunciando así al Copyright.

Entidades de gestión colectiva

Las entidades de gestión colectiva de derechos de propiedad intelectual pueden definirse como organizaciones privadas de base asociativa y naturaleza no lucrativa que se dedican en nombre propio o ajeno a la gestión de derechos de propiedad intelectual de carácter patrimonial. Estas entidades ejercitan derechos de propiedad intelectual, bien de forma delegada por sus legítimos titulares, o bien por mandato legal (derechos de gestión colectiva obligatoria); persiguen las violaciones a estos derechos mediante un control de las utilizaciones; fijan una remuneración adecuada al tipo de explotación que se realice y perciben esa remuneración con arreglo a lo estipulado.

Podemos englobar a estas entidades en tres grandes grupos para poder entender mejor que clase de derechos gestionan y que intereses protegen: los pertenecientes a los autores, los que afectan a los artistas, interpretes y ejecutantes, y los de los productores. En el primer grupo está la **Sociedad General de Autores y Editores (SGAE)** que como su propio nombre indica se engloba dentro de la gestión de la propiedad intelectual de los autores. La SGAE es, con toda seguridad, la más popular de todas las entidades de gestión y con ella deberemos de gestionar la licencia que nos permita utilizar su repertorio.

Dentro de las tarifas para el uso de su repertorio en redes digitales contempla, en el epígrafe 2, los servicios de programación tipo radiofónica a los que denomina *Webcasting*. Esta autorización permite la trasmisión de música dentro de nuestra programación, y por ella abonaremos un canon que variará en función de la cantidad de música que usemos en nuestras emisiones. Por norma general, la SGAE nos facturará una cantidad de 122,24 euros mensuales si nuestra emisora recibe menos de 50 mil visitas mensuales, una cantidad que se verá incrementada a medida que nuestra audiencia crezca, pero también está afectada por un coeficiente corrector en base al porcentaje de programación ocupado por su repertorio. Hay que recordar que la SGAE hace sus liquidaciones por trimestres naturales, por lo que la factura sería el resultante de tres meses de emisiones.

Debe tener en cuenta que, como hemos visto antes, cada entidad se ocupa de gestionar derechos correspondientes a diferentes titulares. Esto quiere decir que, tal y como contempla la Ley, todas ellas son independientes, compatibles y acumulables entre si, por lo que no debe caer en el error de pensar que por haber suscrito un contrato con alguna de ellas esta exento de pagar a otras. En el caso de las radios también deberán cumplir con sus obligaciones frente a la **Asociación de Gestión de Derechos Audiovisuales y a la de Artistas Intérpretes o Ejecutantes** (AGEDI-AIE), que desde julio de 2003 se han unido en un órgano conjunto de gestión que centraliza la recaudación de ambas entidades. A ellos se les abonan las cantidades derivadas de los derechos por comunicación pública de fonogramas, que corresponden a los productores y a los artistas, y del derecho de reproducción para la comunicación pública, que corresponde a los productores. Con esta fórmula se pretende facilitar el cumplimiento de las obligaciones legales, evitando la doble reclamación de derechos y consiguiendo un interlocutor único.

Al igual que la Sociedad General de Autores y Editores, AGEDI-AIE utiliza la denominación Webcasting que define como "el streaming no interactivo de fonogramas vía Internet, siempre que el fin principal del servicio no sea vender, anunciar o promocionar productos o servicios distintos de fonogramas, conciertos en directo o eventos relacionados con la música, y que la empresa usuaria no pueda realizar ni contribuir a la realización de copias que sean utilizables tras el cese de la transmisión.

AGEDI-AIE facilita a sus usuarios alternativas de pago en las que se puede elegir pagar una cantidad por canción trasmitida y oyente conectado en ese momento, o bien hacerlo por cada minuto de emisión y oyente. Si se elige por esta opción, se pagará por cada minuto de emisión con independencia de que contenga o no fonogramas. En todo caso, como ya hemos visto en otras sociedades de gestión, existe una tarifa mínima mensual se abonará si la cantidad resultante de la fórmula anterior es inferior a 71,76 euros.

Como es lógico, debemos haber obtenido las oportunas licencias antes de comenzar con las emisiones. Las gestiones con cada una de las entidades de gestión se pueden llevar a cabo directamente desde sus respectivas paginas web, lo que facilita notablemente los trámites.

SGAE: www.sgae.es
AGEDI-AIE: www. agedi-aie.es

EL LENGUAJE RADIOFÓNICO

A nadie se le escapa que la radio tiene su propio lenguaje. No por que utilice un idioma distinto o una jerga particular, si no por que ha creado un código de comunicación a partir de los elementos con los que cuenta para hacer llegar sus mensajes a la percepción sonora e imaginativa de sus oyentes. Si tuviéramos que definir el lenguaje radiofónico, tal vez se podría resumir como el conjunto de elementos que intervienen en la radio para crear imágenes a través de un código propio que se asienta en tres pilares que se convierten en sus rasgos fundamentales: voz, música y silencios.

Para el profesor Armand Balsebre existe un concepto más según explica en su obra "El lenguaje radiofónico", editada por Cátedra en 1994. Se trata de los efectos sonoros y Balsebre se refiere a ellos como "los sonidos que complementan la comprensión de un mensaje". Muy útiles sin duda en producciones en las que la dramatización sea imprescindible, por ejemplo, en las radionovelas o en las cuñas publicitarias, pero no en el tipo de radio que se propone en este libro.

El lenguaje radiofónico debe facilitar al oyente todos los elementos que le permitan la comprensión inmediata de los temas sobre los que se le informa. La peculiaridad del medio condiciona la expresión hablada ya que el locutor nunca puede comprobar si el oyente ha entendido bien la información, por ello, se debe atender a las características básicas del lenguaje radio: claridad y brevedad.

La búsqueda de la claridad en el mensaje nos permitirá construir frases asequibles que faciliten su asimilación, prefiriendo la voz activa sobre la pasiva, y las frases simples sobre las compuestas. Además, en un medio como la radio, el tiempo es una exigencia que marca la necesidad de generar mensajes breves que aseguren su comprensión. Por este motivo, los locutores estamos obligados a dominar las reglas ortográficas y gramaticales y a adquirir un vocabulario rico.

La voz

Sin lugar a dudas es la parte más importante de la estructura. Esos sonidos que se produce cuando el aire expulsado a través de la laringe hace vibrar las cuerdas vocales y que los humanos hemos aprendido a interpretar, son nuestra principal herramienta.

La locución debe ser ligera y relajada. Debemos evitar dar la impresión de tener prisa por concluir, y sobre todo que aparezcan los ahogos. El tono y el ritmo con el que hablemos lo marcará el tipo de programa. No es igual un informativo que un programa de cocina o la narración de un encuentro deportivo al que imprimiremos un elevado ritmo forzado, entre otras cosas, por el propio desarrollo del partido. No tendría sentido explicar una receta de cocina con la misma cadencia que el contraataque que decida el encuentro.

Es muy importante tener en cuenta que en la radio no se ven las comillas, los paréntesis o los subrayados, por eso debemos cambiar la entonación para aplicar el énfasis con el que queramos resaltar nuestro mensaje. Más adelante hablaremos de la vocalización, la entonación y el ritmo.

La música

Aunque algunos autores hablan de la música como parte de la voz en clara referencia al timbre, al tono y a la entonación, en este volumen me referiré a la música tal y como la entendemos. Una estructura sonora capaz de transmitir sensaciones que utilizaremos para abundar en nuestro mensaje o para construir pasajes que ayuden a acompañar la locución. Es lo que conocemos como colchón.

Innegablemente la música ha ido subiendo posiciones en la escala de importancia de la radiodifusión desde sus orígenes. Posiblemente, el hecho de que la música requiera de un menor nivel de atención por parte de los oyentes que cuando se enfrentan a la palabra, pero lo cierto es que, hoy por hoy, es imposible imaginar un programa de radio en el que la música no intervenga en mayor o menor medida.

La música, según su uso en la programación, se puede separar en grandes grupos. Para Segismundo Uriarte en su obra 'La radio, un medio cercano' (CreateSpace, 2015), son cinco las funciones que desempeña: sintáctica, programática, ambiental, ubicativa y expresiva.

Función sintáctica Se utiliza para ordenar contenidos y secciones a través de elementos conocidos como sintonía, cortina, ráfaga y golpes. La música aparece claramente en la sintonía. Un fragmento de entre 15 y 30 segundos que permite al oyente identificar el programa sintonizado y se emite tanto al inicio como al final del programa, aunque hoy en día se está imponiendo utilizar melodías diferentes para la salida. Todo es poco para dotar de identidad propia al programa. Dentro del apartado de las sintonías podemos incluir la careta, una sintonía mucho más elaborada y que incluye los créditos y títulos fijos.

Existen otras piezas como las cortinillas que se utilizan para separar contenidos dentro del programa, con una duración no superior a los 10 segundos, o las ráfagas, con una duración de aproximadamente 5 segundos, y que son muy habituales en los informativos para separar los distintos bloques de noticias. Finalmente, los golpes servirán para llamar la atención del oyente a través de fragmentos de no más de 3 segundos, que sirven también para separar fragmentos de la locución como si se tratase de un punto ortográfico.

Función programática Solo tiene sentido cuando la música es el contenido principal de la emisora, o cuando estamos realizando un programa especializado en música. Puede ocurrir que, aunque el espacio no esté especializado en música, la emisión de una canción con un objetivo concreto se pueda englobar en la categoría de programática. Esto mismo se aplica a los efectos especiales.

Función ubicativa Está muy presente en el reportaje, cuando la música tiene un sentido evocador del lugar o del momento donde el locutor quiere situar al oyente.

Función ambiental Se utiliza como parte de la realidad objetiva del asunto que trata la noticia o reportaje, ilustrando claramente el tema. Seguro que todos identificamos una noticia sobre el tráfico cuando comenzamos a oír el sonido del claxon o de los motores. Por eso, es muy habitual que la función ambiental se mueva con soltura en el terreno de los efectos especiales.

Función expresiva Su utilización se circunscribe a la creación de un clima emocional. Pretende despertar sensaciones en el oyente, y adquiere una dimensión subjetiva.

Los silencios
En un medio sonoro como es la radio, el silencio puede convertirse en un incomodo compañero y, sin embargo, cuando este se produce intencionadamente se convierte en un recurso muy apreciado para ambientar o crear dramatismo.

Como premisa, todo aquello que no tenga una traducción sonora no tiene cabida en la radio y por este motivo debemos ser extremadamente cuidadosos a la hora de manejar este concepto por que no se debe confundir la pausa con el silencio. Un silencio, para que se considere como tal, debe tener una duración de entre 3 y 5 segundos. Un espacio de tiempo que, de superarse, podría hacer caer al oyente en el error de pensar que la emisión ha terminado. Además, los hábitos audiovisuales de quien nos escucha niegan al silencio un valor comunicativo.

En todo caso, el silencio forma parte del lenguaje radiofónico y, por tanto, es capaz de expresar, narrar y describir. Conviene pues conocer las dos categorías que establece la tipología dictada por Tomás Bruneu, y que aplica el silencio delimitado en núcleos narrativos.

Silencio psicolingüístico Silencio mental asociado a las vacilaciones, las pausas para respirar, etc.

Silencio interactivo Unido a relaciones afectivas, se utiliza como pausas en el dialogo.

El guión. Estructura y contenido
La importancia del guión es vital en un programa de radio. En él se encuentra fielmente reflejado de forma secuencial y ordenada, todo lo que ocurrirá durante el programa y, por tanto, debemos distinguir dos tipos de guión: el literario, por el que se guiará el locutor y que tendrá los contenidos desarrollados todo lo posible; y el técnico donde se establecen las instrucciones necesarias para la correcta realización técnica del programa.

En un volumen de próxima aparición bajo el título "Escribir para el oído", el lector podrá profundizar si lo desea en la escritura de guiones radiofónicos. En este capítulo conoceremos los diferentes guiones y la forma de confeccionarlos para poner en marcha con garantías nuestro programa.

Contenido

Es en el *Guión técnico* donde aparecen las instrucciones para la realización técnica del programa. A lo largo del guión técnico se reflejan los momentos en los que aparecerán los jingles, las cuñas publicitarias, las conexiones telefónicas, etc., así como las entradoras de los textos que figuran en el guión literario para poder situarnos en el momento del programa en el que nos encontramos.

Por su parte, al que maneja el locutor le denominamos *Guión literario*. Principalmente se centra en el texto que será leído durante el programa, y en el se incluyen anotaciones sobre la entonación y el estilo.

Como pauta general, la redacción debe tener un estilo claro, sencillo y conciso, con frases construidas de forma que capten la atención del oyente, empleando frases cortas y teniendo especial cuidado de reiterar los datos relevantes y evitando las palabras mal sonantes o que puedan herir la sensibilidad del oyente.

En la redacción de noticias, es conveniente que los textos no sobrepasen el minuto y veinte segundos de duración, o lo que viene a ser lo mismo, unas 20 líneas de texto. Este tiempo se puede incrementar con la inclusión de documentos sonoros.

Finalmente, encontramos en el *Guión técnico-literario* la versión más completa. Tanto el técnico como el locutor saben en cada momento lo que va a ocurrir sin limitaciones.

Estructura del guión

El estilo de redacción a ambos lados del Atlántico también ha marcado la forma de presentar este último. En el guión técnico literario americano, los textos aparecen en una sola columna, con las órdenes del guión técnico debidamente separadas.

Por su parte, la estructura del guión europeo nos muestra al menos dos columnas. En el caso de solo sean dos, lo más habitual por otra parte, la columna de la izquierda acogerá las órdenes técnicas, mientras que las de la derecha se reserva para el guión literario.

TÉCNICAS BÁSICAS DE LOCUCIÓN

Uno de los principales miedos del locutor novel ante su puesta al micrófono, es que su voz no vale para la radio. "Es que no me gusta mi voz", dice el principiante. Ni a ti, ni a nadie que se escucha por primera vez a si mismo, habría que contestarle. Para sacar al primerizo del error, el profesor de locución Alfonso Fernández explica que, al igual que todas las voces son válidas para la vida cotidiana no hay voz, por estridente o disonante que parezca, que no pueda ser emitida por la radio.

No puedo estar más de acuerdo con el profesor Fernández. Si pensáramos que alguna voz no tuviese cabida en nuestra emisión ¿qué haríamos con un entrevistado ajeno al medio que se pone nervioso ante el micrófono?

¿y con un extranjero y sus dificultades para pronunciar? ¡Bastante tienen con enfrentarse al micrófono como para preocuparse de entonar! Y sin embargo allí están. Son nuestros invitados y su mensaje es importante para nuestros oyentes. Y quiero recalcar esta palabra, oyentes. La Real Academia Española de la Lengua define la palabra oyente como aquel "que oye", es decir, que percibe con el oído los sonidos y que se hace cargo o se da por enterado de aquello de que le hablan, como se detalla en la primera y tercera acepción de la palabra "oír".

Esto aclara en cierto modo la discusión que en los últimos tiempos se ha generado entre algunos profesionales de la radio. ¿Oyente o escuchante? Para la RAE, escuchar no es más que "prestar atención a lo que se oye" sin que esto suponga haber entendido el mensaje. Así que nosotros buscamos oyentes, personas que entiendan lo que les estamos trasmitiendo. Como bien apunta Iván Tubau en su obra "Periodismo oral" (Paidós Papeles de Comunicación, 1993) "el oyente, que por algo se le llama oyente y no escuchante, tiene derecho a oír. Por de pronto a oír. Y a renglón seguido, a entender."

El manejo de la voz

Para poder llegar a ese punto en el que nuestro mensaje llegue a oyentes y no a escuchantes, el locutor debe exigirse a si mismo un cierto grado de calidad en sus mensajes. O lo que es lo mismo, debe aprender a manejar la única herramienta que le es exclusiva: la voz. La voz no es un bien que podamos comprar. Es algo que nos ha acompañado durante toda la vida y que ha ido evolucionando con nosotros. Seguramente desearíamos una voz "mejor", más clara, mejor timbrada… Pero esta es la que tenemos así que intentemos trabajar con ella.

Dedicaré más adelante un volumen completo a las técnicas de locución, en el que se podrá profundizar sobre temas relacionados con la dicción y en el que encontrará numerosos ejercicios. Por ahora nos ocuparemos de los principios básicos de la vocalización, la entonación y el ritmo.

Vocalización

Antes de nada, le aconsejo que se provea de una grabadora. No hay nada que ayude más a corregir errores que escucharse a uno mismo tantas veces como sea necesario. Es más, yo diría que no estaría de más llegar al hastío. A falta de quien nos corrija o asesore, debemos aprender a encontrar nuestros fallos y eso no se consigue sin repetición. Además, esto nos ayudará a quitarnos el complejo del que hablábamos al principio del capitulo y a que nuestra voz empiece a gustarnos. Y aquí introduciré un elemento que nos acompañará durante el resto de nuestra actividad como locutor, los auriculares. Cuanto antes habituemos el oído a nuestra propia voz, tanto mejor. Le aconsejo que esto lo ejercite leyendo textos ajenos y sobre todo escuchando mucha radio. No hay mejor escuela que la practica, pero la imitación nos ayudará sin duda con los primeros pasos.

Recuerde su más tierna infancia. La mayoría de las cosas las aprendió viendo como lo hacían otros, para más tarde adaptarlas a su propia forma de hacer. Lo mismo ocurre con la radio. Todos hemos empezado con un referente en la cabeza para posteriormente adoptar nuestra propia puesta al micrófono.

Llegado ese momento, el de sentarse delante del micrófono y leer un texto, debemos hacerlo de la manera más próxima a como hablaríamos normalmente y con garantías de que el mensaje se entiende. En la radio no hay segundas oportunidades. El oyente no está atento al transistor como haría si viese la televisión, por regla general está a otra cosa. La grandeza de este medio que permite desarrollar sus quehaceres domésticos, trabajar, estudiar o practicar el running, tan de moda en nuestros días, también es el principal enemigo del locutor. Si no nos hacemos entender a la primera, habremos fracasado en nuestro objetivo.

Existen muchas maneras de ayudarse a mejorar la vocalización y, por tanto, la locución. Veamos algunas de ellas. Probablemente, las que nunca debemos olvidar.

Distancia al micrófono Lo adecuado es sentarse a unos 30 centímetros del micrófono y si este es unidireccional, deberemos mantener una línea recta imaginaria entre la boca y el micrófono. Cualquier movimiento de la cabeza a un lado u otro, repercutirá en el volumen con el que nos reciben nuestros oyentes. De la mima forma, aumentar la distancia dará una sensación de lejanía.

Posición del cuerpo Los principales problemas a la hora de hablar en público, y eso en definitiva es la radio, vienen por una respiración deficiente que, comúnmente, tienen un origen orgánico o postural. En el primero de los casos poco podemos hacer sin la ayuda de su otorrinolaringólogo, pero la segunda causa se puede corregir siguiendo algunas sencillas pautas.

Como regla general, debemos tender a que el aire sea abundante, evitando la tensión en las fosas nasales y en la garganta para favorecer que la columna de aire sea constante y que no sea expulsado en su totalidad a la primera de cambio, si no que seamos capaces de administrarlo durante toda la locución. Es importante quitar cualquier tensión sobre los músculos del pecho y los hombros, ya que disminuyen la capacidad torácica, y para eso es necesario que estemos ligeramente inclinados hacia adelante y con las piernas apoyadas en el suelo. Por cierto, las piernas nunca deben cruzarse, esto provoca la contracción y subida del diafragma, por lo que la capacidad pulmonar se reduce.

Los gestos Puede parecer que gesticular no tiene sentido en la radio, pero ayudan en la correcta interpretación del texto. El mismo miedo a que su voz no sea válida para la radio, lo tiene el locutor novel de que sus gestos sean ridículos. Pueden que lo parezcan, ¿y qué?, los locutores jugamos con ventaja de que en la radio nadie nos ve. En cuanto a las manos, déjelas libres para poder gesticular con facilidad. Además, las necesitará para pasar las paginas de su guión.

La sonrisa Volvemos a la misma pregunta de antes ¿Para que sonreír en la radio? Lo va a entender muy rápido. Levantar la comisura de los labios, simulando una sonrisa, mejora la vocalización y, aunque no lo crea, sus oyentes percibirán un tono más agradable en su mensaje.

Entonación

Tanto o más importante que vocalizar correctamente es la entonación que le damos a nuestro mensaje. La entonación debe huir de la monotonía ya que una entonación uniforme, plana, aburre y hace que nuestro oyente deje de prestarnos atención y, en el peor de los casos, de seguirnos. Por tanto, se hace imprescindible jugar con diferentes tonos, aunque con cuidado de evitar tonos muy fuertes o demasiado débiles.

Otro de los errores en los que se suele caer en locutor en sus inicios es la cantinela, ese tono melódico que en muchas ocasiones nos recuerda a como leíamos de niños. Evitar la cantinela debe convertirse en un tema prioritario gracias al que también lograremos disimular que estamos leyendo. De cara al oyente, que le contemos la información "de memoria", nos dará un plus de credibilidad. Por el contrario, si "descubre" que leemos, nuestro mensaje no le convencerá.

Debemos recordar que una entonación "hacia arriba" equivale a interrogación, a incertidumbre y a la duda. Por el contrario, cuando la entonación es descendente, transmitirá firmeza, certeza y determinación.

Muy importante también es prestar atención al timbre, tono fundamental por el que se reconoce a la mayoría de las personas. Esa identificación, que podríamos definir como una especie de identidad sonora, hace que nuestra voz suene diferente y que los demás la perciban como natural, o delicada, o seria…

Ritmo
Conocer cual es el ritmo que debemos imprimir a nuestra locución es muy simple. O quizás no tanto. En primer lugar, hay que valorar cual es el contenido de la información. Nunca será lo mismo un boletín informativo que la introducción del número uno de la lista de éxitos en una radio fórmula. Valorado cual es el ritmo adecuado buscaremos la forma de conseguirlo.

Por regla general las inflexiones de voz son la mejor forma de dar viveza a un texto. Intercalar durante la lectura un ritmo veloz con otro más pausado o remarcado. De esta forma se logra naturalidad y se gana expresividad. Además, tenga en cuenta como acabamos la explicación frente a la entonación: hay que disimular que estamos leyendo y, desde luego, nadie habla con un ritmo uniforme.

En cuanto a la velocidad, la experiencia nos dice que unas 160 palabras por minuto es un ritmo adecuado y que un ritmo mayor dificulta la comprensión y que uno menor lleva al aburrimiento de los oyentes. En cualquier caso, experimente el suyo. Si la velocidad recomendada le produce ahogo, baje el ritmo hasta que se encuentre cómodo. Poco a poco, la practica le llevará a alcanzar el ritmo ideal.

LA PROGRAMACIÓN

Ya tenemos más o menos claro como realizar técnicamente nuestra programación, ahora toca ponerlo en práctica y para eso necesitamos construir una parrilla. Al principio del libro concretamos que cualquiera puede hacer radio por que todos somos expertos en algo, y en esto nos basaremos a la hora de construirla. Sin embargo, y aunque nuestro objetivo final será una programación temática basada en esos conocimientos de los que hacemos gala, es importante que conocer que elementos forman parte de la programación en una emisora convencional, para luego poder adaptar a la nuestra aquellos elementos que más nos convengan.

Como concepto, hablaremos de programación para referirnos a la previsión de programas a emitir. pero en la parrilla, junto a los programas que la vertebral, conviven una serie de elementos que son imprescindibles. Unos por que nos identifican, los indicativos, y otros por que significan la financiación de la emisora si finalmente decidimos hacer de ella nuestro modo de vida, la publicidad.

Tipos de programas

Dentro de una emisora generalista cabe cualquier género radiofónico. A ninguno nos resulta extraño que en la misma parrilla cohabiten programas de carácter informativos, deportivos, culturales e incluso dramáticos, aunque en la radio moderna estos últimos han caído en desuso, probablemente por que la implantación de la ficción televisiva a dejado sin interés a las cadenas radiofónicas por este tipo de formatos que, además, son complejos de realizar.

En capítulos anteriores ya hablamos de las emisoras generalista y que el oyente en Internet busca programación especializada. Por lo tanto, olvidemos la competencia con las grandes cadenas y centrémonos en generar el contenido que demanda el público al que queremos dirigirnos, pero antes conozcamos en que segmentos de programas podríamos situar el nuestro.

Informativos Tiene poco que explicar. Es el principal género de la radio. De la calidad de estos espacios depende en gran parte la credibilidad de la cadena. El informativo tiene muchos formatos que seguro podemos adaptar a nuestro contenido. Conozcámoslos:

Boletines Se trata de pequeños resúmenes informativos que se actualizan continuamente. Habitualmente coinciden con las horas en punto y se desglosan en titulares que se desarrollan a continuación con el cuerpo de la noticia.

Avances Se intercalan entre los diferentes programas y sirven de adelanto al boletín.

Tertulias Tan de moda últimamente, constituyen una formula que intercala la información con la opinión. Tras presentar uno o varios temas de actualidad, los contertulios comentan expresando su opinión y aportando diferentes puntos de vista. Es un espacio muy valorado por los oyentes ya que les permite formar su propio criterio tras conocerlo desde distintos ángulos. En las emisoras temáticas aporta una buena oportunidad de conocer profundamente el tema y de interrelacionarse con diferentes actores de ese sector.

Magazines También este es un género en auge. Combina la información general, con la opinión y secciones temáticas del tipo deportivo, cultural o de entretenimiento, lo que invita a la participación del oyente.

Deportivos El de la información deportiva es un género que ha ido evolucionando por si mismo hasta lograr una identidad propia. Su lenguaje particular y una narrativa muy especial, sobre todo en las retransmisiones de eventos deportivos, han determinado que estos programas acaben saliendo de los magazines, donde eran un simple espacio, para acabar convertidos en programas especiales que ocupan muchas horas de programación, especialmente durante los fines de semana cuando los programas de tipo "carrusel" se convierten en la columna vertebral de la emisora.

Temáticos Son programas con vocación formativa o divulgativa y por lo general, tienen un formato de magazine permitiendo así que las diferentes áreas de conocimiento de esa materia, puedan tener cabida en el mismo espacio de tiempo intercalando entrevistas, bloques de noticias y reportajes monográficos. Este formato es muy habitual en programas de medicina, viajes o culturales.

Musicales Seguramente necesitaríamos dedicar un capitulo entero a los programas musicales. Desde el inicio de la radiodifusión la música ha estado presente con un peso específico muy importante. Los concursos musicales han llenado grandes paginas de la historia de la radio en todo el mundo. Los artistas se acercaban hasta el estudio de la emisora en cuestión y, acompañados por una orquesta, interpretaban en directo sus temas lo que constituía todo un alarde de producción radiofónica. Poco después la radio iría en busca de los músicos y se efectuarían exitosas retransmisiones de conciertos, sobre todo de música clásica, desde los mejores auditorios.

La evolución de la radio musical llegaría con los soportes de grabación, y con ellos la radio fórmula. Un formato que realmente no corresponde a un tipo de programa si no más bien a una programación completa originada en las radios comerciales americanas de los años cincuenta.

En España el más claro exponente de la radio fórmula son "Los 40 principales". Desde aquel 18 de julio del 1966 cuando Ángel Carbajo y Olimpia Torres emitieron lo que entonces era una escueta programación de cuatro a seis de la tarde, hasta las 24 horas de emisión con las que cuenta en la actualidad, han pasado muchas cosas. Entre ellas, la aparición de otras cadenas que han imitado el formato de "listas de éxitos" y en el que los jóvenes se inspiran a la hora de iniciarse en la radio. Si tuviera la oportunidad de preguntar sobre sus inicios a diferentes profesionales de la radio, casi todos le contarían como empezaron "pinchando discos".

Indicativos

Los indicativos no son más que mensajes a través de los cuales informamos sobre la emisora o sobre el programa que estamos escuchando para que los oyentes se ubiquen en nuestra parrilla.

Jingles Son pequeñas piezas, habitualmente musicalizadas, donde se informa sobre la emisora que estamos escuchando. Esto es especialmente útil en el caso de la radio "hertziana" donde salvo que el RDS (Radio Data System) nos indique el nombre de la emisora, no sabremos si hemos sintonizado el dial correctamente. En el caso que nos ocupa, la radio "on line", al tener que dirigirnos a una pagina web o activar una aplicación para dispositivo móvil, este problema no existe. En todo caso, siempre es conveniente disponer de ellos.

Linner También llamadas cortinilla. Es una composición musical breve que se utiliza para separar secciones y con la que se pretende evocar la imagen corporativa de la emisora. Algunas veces lleva incorporada la voz del locutor.

Autopromos Sirven para promocionar otros programas de la parrilla, o un evento de la propia emisora.

Publicidad

Sobra decir la necesidad de contar con publicidad en la emisora. Más allá de que queramos hacer de esto nuestro modo de vida y de que busquemos ingresos para ello, la publicidad sirve al mismo tiempo de sustento de nuestra infraestructura. Debemos tener claro que nuestra emisión tendrá unos costes, nuestros equipos se acabarán averiando y deberemos enviarlos a reparar o sustituirlos y, por descontado, que se quedarán obsoletos por lo que nos veremos en la necesidad de actualizarlos. Todo esto depende de la publicidad.

No voy a decirle como vender publicidad. Para eso hay grandes expertos y multitud de libros que explican con detenimiento y acierto como llevar a cabo una labor comercial exitosa. No deje de consultarlos. Las experiencias de quienes han logrado en éxito comercial, aún en otros sectores y por distinto que pueda resultarle el producto a vender, sin duda le servirán para tomar referencias e ideas que poner en practica adaptándolas a sus intereses. Por ahora, conozcamos los diferentes formatos publicitarios.

Cuña Es el formato más conocido y su nombre obedece al formato físico en el que esta grabado el anuncio, y que hoy ya ha desaparecido. La cuña contiene una información de entre 20 y 30 segundos en el que se mezcla el propio mensaje con los sonidos que lo apoyan. Hay muchas teorías sobre como redactar una cuña, en que segundo se fija el mensaje y en cual se logra la intención de compra. De momento, nos ocuparemos de emitir las grabaciones facilitadas por nuestros clientes.

Microespacio Contenido comercial muy apreciado por el anunciante que necesita dar una información amplia sobre su producto o servicio. Suele estar incorporado al propio contenido del programa lo que da la sensación de ser una información más. Su duración es de unos dos minutos.

Patrocinio En este caso hablamos de unir la marca comercial a un programa determinado. El patrocinio suele estar arropado con una cuña en la carta de entrada y otra en la despedida, mientras que durante el programa se suceden las menciones.

Mención También muy del agrado de los clientes, la mención es un espacio de unos 20 segundos en los que el locutor lee en directo el texto publicitario.

Conseguir publicidad supone uno de los grandes retos. No es fácil en los tiempos que corren y tampoco lo es para una emisora que empieza. Más aún si no se cuenta con una persona dedicada exclusivamente a la búsqueda de financiación. Sin embargo, no desespere, no es una tarea imposible. El mero hecho de disponer de una audiencia muy atomizada, interesada en un tema tan concreto como el que ha elegido para tematizar su emisora, ya es un valor añadido de cara al anunciante.

MONTANDO EL ESTUDIO

Ya hemos adquirido las destrezas básicas para producir y realizar nuestro programa por lo que ahora nos vamos a adentrar en la parte técnica, seguramente la más compleja sobre todo a la hora de la decisión de compra. En este sentido le aconsejo que se dirija a comercios especializados en el que le podrán asesorar por las marcas y modelos que mejor se adapten a sus necesidades y presupuesto. Por mi parte, en este capítulo, le explicaré los equipos necesarios para crear su estudio pensando en esa premisa de poderlo hacer en casa.

Antes de nada, hay que elegir el lugar que vamos dedicar a nuestro estudio. El espacio que necesitará, en un principio, es el equivalente a una mesa de despacho por lo que cualquier lugar es bueno, aunque le aconsejo que tenga sea lo más tranquilo posible y si está exento de ruidos, tanto mejor. Por otro lado, y esto no siempre es posible, que sea una zona lo menos común posible. Ya se que no siempre es fácil disponer de una habitación en exclusiva para nosotros, menos aún en las viviendas actuales donde el espacio no es su mayor ventaja. En ese caso, si decide aprovechar la idea de este libro que no es otra que montar el estudio en casa, consensue este extremo con su familia. Ellos serán los primeros sacrificados, al menos durante la emisión de su programa.

Decidido el lugar en el que se instalará, prepare una mesa de trabajo en la que dispondrá, la mezcladora, su micrófono y un ordenador, además de otros periféricos que podrá necesitar según su temática. Añada al equipo una silla suficientemente cómoda como para aguantar el tiempo de programa. Piense que durante ese tiempo le será complicado levantarse a estirar la espalda. Vamos ya con el hardware de nuestra emisora.

La mezcladora

La mezcladora de sonido, mesa de mezclas o consola de audio, como también se la conoce, es el dispositivo estrella de nuestro estudio. En el vamos a conectar todas las fuentes de sonido. micrófonos, samplers, sintetizadores, reproductores… aunque en el estudio que aspiramos a montar el software que utilizaremos suplirá la mayoría de estos dispositivos. Aún así, la mezcladora será indispensable para el procesado del nivel sonoro de cada entrada, para ecualizar los canales, realizar la panorámica de los canales mono y balancear el estéreo. En definitiva, será el timón desde el que gobernemos nuestro estudio.

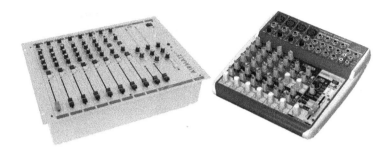

En la actualidad podemos distinguir dos tipos de mezcladoras o mesas de mezclas: analógicas y digitales. Dedicaremos este punto a las primeras al ser las más habituales y también las más asequibles económicamente. Actualmente, el mercado dispone de cientos de modelos que abarcan todas las necesidades del técnico de sonido más exigente, con un amplio espectro de precios. Y aquí se crea nuestro primer conflicto: ¿qué mezcladora compro?

Respondiendo desde la experiencia le aconsejo que, si su presupuesto se lo permite, no sea demasiado tímido en el gasto. Comprar equipos muy básicos al final no lleva más que a multiplicar el gasto que habíamos previsto inicialmente y a renovar el material más a menudo de lo deseable. Tenga muy en cuenta que lo que pretendo con este libro es convertir su afición por la radio en un negocio, así pues, adecue la inversión a sus expectativas de futuro.

Lo más económico sería adquirir una consola de producción o grabación. Como su nombre indica se utilizan para la creación de programas, grabar anuncios o piezas que se puedan "enlatar". Es cierto que también se utilizan en algunas emisoras como consola de transmisión, pero carecen de híbridos, sistemas de muting y otras particularidades propias de los estudios de radio. Por ver la diferencia económica, una consola de grabación, más que aceptable, se sitúa entorno a los 150 euros, mientras que deberíamos alzar esa cifra hasta cerca de los dos mil euros si pretendemos hacernos con una consola de transmisiones normalita. En cualquier caso, si puede hacer ese esfuerzo económico, con el tiempo lo agradecerá.

Partes de la mezcladora

Una mesa de mezclas consta, principalmente, de los canales de entrada, los buses de enrutamiento, los controles de salida, los de monitoreo y los medidores.

Canales de entrada Cada entrada lo hace por un canal. Habitualmente cada canal soporta, por lo general, dos entradas diferentes: una de micrófono y otra de nivel de línea. Una u otra se seleccionan a través de un conmutador.

Siguiendo el orden de los ajustes que encontramos en cada canal, a continuación, estaría la ganancia para encontrarnos con el filtro de paso alto y llegar a la etapa de ecualización. Normalmente con tres rangos de frecuencia, aunque esto puede variar según la consola. El bloque de enrolamiento a los grupos, incluyendo el centro panorámico, el fader, PFL y el mute, completan el canal.

Es importante saber que por muchos canales que tenga una mezcladora, entre ellos no existen diferencias. Todos y cada uno tendrán los mismos controles.

Buses Las salidas de todos los canales de entrada van a los diferentes buses. El bus principal es el llamado master, que normalmente el único que soporta dos canales, muy útil en las producciones estereofónicas. Otro tipo de buses que se asignan a controles intermedios, los llamados grupos, tienen la finalidad de agrupar diferentes entradas en un control común que a su vez pueden ser nuevamente enrutados a las salidas principales.

Completan el apartado de buses los llamados auxiliares que se utilizan para un monitoreado específico. Según el tamaño y prestaciones de la mesa varia el número y las prestaciones de los buses auxiliares.

Controles de salida Para poder manejar la mezcladora eficientemente es necesario escuchar las diferentes señales con las que se está trabajando. Para ello hay un sistema que permite monitorear cada una de ellas en los diferentes puntos de la mesa. Esta monitorización no solo se realiza acústicamente, sino que también se sirve de un sistema de medidores en los que se puede ver los diferentes niveles y fases de las señales que se desean controlar.

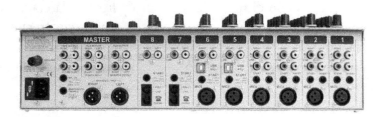

Las mesas de mezclas de audio suelen incorporar generadores de señal patrón. Dependiendo de las prestaciones de la mesa este generador es más o menos potente pudiendo llegar a generar cualquier frecuencia a cualquier nivel e incluso patrones de ruido, como el ruido rosa o el ruido blanco.

Algunas mesas, sobre todo las de transmisiones, incluyen un sistema que permite la intercomunicación del técnico con el locutor y con el personal de producción.

Híbrido telefónico En algún momento de su producción querrá hacer una llamada telefónica para realizar una entrevista. En ese momento necesitará utilizar el híbrido telefónico. Este dispositivo forma parte de las consolas de transmisión, pero no así de las de producción por lo que puede ser otro factor a tener en cuenta a la hora de decidir la compra.

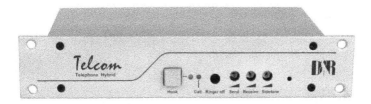

Es cierto que hoy en día, y más aún con el tipo de estudio que estamos montando, se pueden utilizar software como Skype para sustituir al teléfono tradicional. El único inconveniente es que su interlocutor debe contar con una conexión a Internet de calidad -de lo contrario se escuchará entrecortado y la entrevista será un fracaso- y tampoco podrá manejar esa comunicación a su gusto.

Los híbridos telefónicos, lógicamente, también se encuentran por separado en el mercado para poder adaptarlos a consolas que no los monten de fábrica.

Los micrófonos

El micrófono es sin duda la parte más importante del equipo. Ninguna de las piezas que lo componen funciona por separado, pero sin micrófonos no habría forma de recoger la voz y, en consecuencia, no sería posible hacerla llegar al oyente. La existencia de este elemento se la debemos a Alexander Graham Bell (1847-1922) que creo el micrófono durante la construcción del primer teléfono en 1876.

La función del micrófono es la de transformar las ondas sonoras en energía eléctrica, y viceversa, en procesos de grabación y reproducción de sonido, a través de un diafragma atraído intermitentemente por un electroimán, que, al vibrar, modifica la corriente transmitida por las diferentes presiones a un circuito. Dicho de otra forma, transforma nuestra voz en elegirá eléctrica que envía al altavoz, para que este realice el proceso inverso convirtiendo la energía eléctrica en voz.

Partes del micrófono

Con independencia del tipo de micrófono con el que tratemos, componentes como el diafragma, el traductor, la rejilla, la carcasa y el conector, están presentes en todos ellos de una u otra forma.

El diafragma es la parte más delicada del micrófono. Se trata de una membrana que recibe las vibraciones de la voz para enviarlas al transductor, de cuya construcción dependerá la clasificación del micrófono. El transductor se encarga de convertir los sonidos en electricidad. Tanto el diafragma como el transductor están protegidos por la rejilla que también tiene como misión evitar los golpes en las consonantes oclusivas.

Lógicamente, todos estos componentes están incorporados a la carcasa que en el caso de los micrófonos de mano tiene la misión de servir como asidero. Por último, el conector, por lo general del tipo XLR, lleva la señal eléctrica a la mezcladora a través del cable.

Clasificación de los micrófonos

Para clasificar los diferentes tipos de micrófonos utilizaremos tres divisiones que, a su vez, nos permitirán la elección del micrófono correcto para cada uso. Los diferentes micrófonos se segmento por su directividad, por su construcción y por su presentación.

Directividad Según su directividad los micrófonos pertenecen a tres grandes grupos omnidireccional, bidireccional y unidireccional.

Los *micrófonos omnidireccionales* tienen una respuesta de sensibilidad constante gracias a su diafragma de 360°, lo que significa que capta todos los sonidos con independencia de la posición de la fuente con respecto al micrófono.

Su principal inconveniente es que captan tanto lo que queremos emitir como lo que no nos gustaría que saliera al aire. Cualquier ruido del entorno.

El diagrama polar, en forma de 8, es el signo de identidad del micrófono *bidireccional*. Esto quiere decir que captan tanto el sonido que les llega por la parte frontal como el posterior, ofreciendo mayor sensibilidad a los sonidos procedentes del eje horizontal que del vertical. Uno de sus inconvenientes es que hay que tener cuidado con las cancelaciones producidas por contratases y puede ser necesario reorientar el micrófono para corregirlo. Habitualmente, este micrófono está construido a partir de dos capsulas cardioides colocadas en direcciones opuestas.

Los *unidireccionales*, también llamados direccionales, son micrófonos muy sensibles en una dirección y bastante 'sordos' en las restantes. A diferencia de los anteriores, tenemos bastante control sobre el sonido captado, aunque tienen el inconveniente de no dar respuesta constante. Dentro de este tipo de micrófonos, los encontramos de tres clases: cardioide, muy sensibles a los sonidos frontales y poco receptivos a los que les llegan por detrás; supercardioide, con mayor sensibilidad que el cardioide e hipercardioide, con un lóbulo frontal mucho más prominente que los anteriores, pero con una mayor capacidad para recoger el sonido posterior.

Construcción En este sentido reconocemos seis tipos distintos de micrófonos: dinámicos, de condensador, de carbón, de cristal o piezoeléctricos y de cinta.

Los *micrófonos dinámicos* están considerados como los más resistentes y también los más conocidos. Es el típico micrófono de mano utilizado por los reporteros. En este micrófono las ondas sonoras golpean sobre un diafragma que está soportado en una bobina de cable, suspendida sobre un campo magnético permanente. Su mayor ventaja es que no requiere de una fuente de alimentación externa para funcionar, aunque no siempre se destacan por su fidelidad. Para esos casos hay que recurrir al micrófono de condensador. Si bien es cierto que no son tan resistentes como los dinámicos, los de condensador tienen una calidad de respuesta magnífica aportando una fidelidad de sonido incomparable.

Los *micrófonos de condensador* poseen un diafragma de metal extremadamente delgado sobre el que golpean las ondas sonoras que posteriormente deben ser procesadas por el preamplificador incorporado en el cuerpo. Estos micrófonos necesitan alimentase de corriente por lo que utilizan la fuente de alimentación de la propia mezcladora. Es lo que se conoce como 'phantom power' o alimentación fantasma. Esto no es necesario con los de tipo electret ya que la lámina del diafragma es cargada de electricidad durante su construcción.

En cuanto a los de *carbón* y a los de *cristal*, debemos tener en cuenta que son poco fiables. Sin embargo, los primeros tienen un bajo coste y son muy resistentes, en contraposición a los de cristal ya que el cuarzo con el que habitualmente se construye el micrófono, cambia sus propiedades con las variaciones térmicas dando lugar a alteraciones en su funcionamiento.

Por último, los *micrófonos de cinta*, están formados por una cinta de metal que, conectada a un imán, al vibrar sobre el campo magnético genera una señal eléctrica. Probablemente son los de mayor fidelidad, pero también los más caros y delicados.

Presentación

Aquí cabe poca explicación. Encontramos micrófonos de mano, levalier o corbatero y headset o diadema. Los primeros los encontramos en los estudios y también entre los periodistas que trabajan a pie de calle. También son fácilmente reconocibles los levalier o 'de corbata', muy utilizados en televisión ya que son muy discretos sobre la ropa del presentador y sus invitados, aunque también podríamos utilizarlos en radio. Por último, las diademas quizás sean las menos conocidas ya que suelen utilizarse mucho para retransmisiones desde exteriores. Dan la mucha libertad al tener las manos libres y espacio sobre la mesa de trabajo ya que el micrófono está incorporado a los auriculares.

El ordenador

No mostraré preferencias en cuanto al ordenador. Cualquiera de los modelos que existen hoy en el mercado le ofrecerán suficientes cualidades para realizar sus emisiones. Preferiblemente consulte con el fabricante del software que haya decidido adquirir. En el siguiente capitulo hablaremos del que, según mi experiencia ofrece más prestaciones.

LA HORA DE LA VERDAD

Ya tenemos el estudio montado y ya conocemos como realizar el programa. Ahora solo nos falta salir al aire. Eso para lo que tanto nos hemos preparado en capítulos anteriores y que, sin ninguna duda, es el verdadero motivo por el que hemos llegado hasta aquí. Queremos hacernos oír, que el mundo reciba nuestro mensaje.

El servidor de streaming

Para alcanzar nuestro objetivo debemos de proveernos de dos elementos fundamentales, un software desde el que podamos lanzar nuestra programación y un canal de streaming desde el que nuestra señal llegue a nuestra audiencia a través de Internet. En ambos casos hay cientos de proveedores que nos facilitaran las herramientas necesarias. Sin embargo, debo recordarle que el objeto de este libro es hacer de esto una profesión, llegar a convertirlo en un negocio rentable. En este sentido es necesario recordar, al igual que ocurría con las mesas de mezclas, que lo barato sale caro. Desconfíe de los proveedores de streaming que ofertan verdaderos chollos. Algunos de esos precios bajísimos están directamente relacionados con retrasos en la emisión, cortes en la misma, un número máximo de oyentes tan bajo que en cuanto se descuide la mitad de su audiencia desaparecerá al no poder escucharle. En definitiva, antes de contratarlo, compare lo que se oferta y no se deje cegar por los precios.

Aunque lógicamente con los años he logrado identificar cual es el proveedor de servicios de streaming que más se adecua a mis necesidades, no quiero influir en su decisión dando aquí el nombre de la empresa que me presta sus servicios. Si le diré, para que lo tome como referencia si lo cree oportuno, que entre los factores que me han llevado a decidir por esta compañía está que se encuentra en España –cambie esto por su país de residencia-, que disponga de servicio técnico con atención telefónica, la facilidad para escalar tanto si crece como si disminuye el número de oyentes y, por último, que me permita decidir si quiero realizar mi programación en IceCast o en ShoutCast.

Por supuesto no hay que olvidar el factor precio. Como norma, le diré que huya de las gratuidades, aunque las puede usar en sus primeros pasos. Cuando ya esté preparado para que su radio salga al aire, decídase por el servicio profesional que mejor se adapte a su presupuesto una vez que haya pasado el filtro de las características que le hemos exigido anteriormente.

IceCast o ShoutCast, la primera decisión

Aunque verdaderamente no existen grandes diferencias entre los dos tipos de servidores, a la hora de contratar el servicio de streaming usted necesitará responder a esta pregunta ¿IceCast o ShoutCast?

Es importante señalar que no hay uno mejor que otro. La calidad de la transmisión será exactamente la misma utilizando uno u otro. Ni siquiera la calidad de sonido puede ser una cuestión para compararlos. Entonces, ¿dónde está la diferencia? Veamos las principales características y verá rápido las diferencias.

Entre las ventajas del servidor ShoutCast está que es sin duda el más popular ya que cuenta con un directorio gratuito donde podrá incorporar su emisora, lo que puede reportarle cierta visibilidad y atraer algunos oyentes más. En contrapartida, su principal desventaja radica en que, si planea emitir tanto en directo como desde el autodj, deberá realizar manualmente el cambio desde el panel de control, lo que puede acarrear algún problema. Si se le olvida hacerlo, su transmisión se quedaría en blanco al no haber ninguna fuente de audio emitiendo.

Por su parte, IceCast es un servidor utilizado por miles de emisoras profesionales. Su principal ventaja se encuentra en que al ser un sistema que trabaja con puntos de montaje o 'mountpoints', le permite cambiar de autodj a directo, o viceversa, de manera automática, sin tener necesidad de acudir al panel de control para realizar el cambio. Como desventaja, si se puede considerar como tal, es que su directorio no es tan popular como el anterior.

Como conclusión, si usted planea emitir con autodj, es decir, que cuando no transmita en directo, sus oyentes sigan escuchando programas previamente grabados para que su emisión no se detenga, la mejor elección será IceCast.

El software de emisión

Al igual que ocurre con los servidores de streaming, la oferta de programas informáticos que permiten emitir radio es muy amplia. Los hay que simplemente se pueden adaptar a nuestro propósito y los que están diseñados precisamente para ese fin y permiten emitir tanto por internet como por FM, si es que tuviésemos los permisos correspondientes.

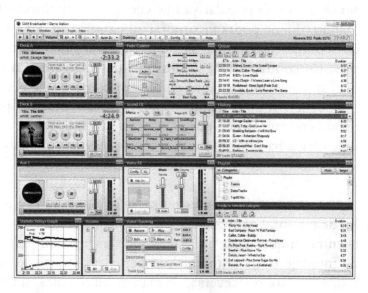

De todos ellos, y tras probar unos cuantos, hace ya un tiempo que tomé la decisión de utilizar Sam Broadcaster Pro. Si en el caso de los servidores quise dejar al margen a la compañía que me da servicio para no influir en su decisión de compra, creo que en este caso si le debo aconsejar sobre el uso de esta herramienta. Para mi sigue siendo la más completa, con un servicio de actualizaciones que hace que no se quede atrás de las últimas tecnologías. Además, su relación calidad-precio hace que sea una compra obligada para quien quiera dedicarse a la radio por Internet.

El único pero, al menos para mi que soy usuario de Apple, es que solo está disponible para el sistema operativo Windows. Superado este pequeño inconveniente, sigo en mi convencimiento de que es lo mejor que he visto. En la misma pantalla tendrá los platos en los que pinchar su música, efectos sonoros, el reloj con el que controlar el tiempo de emisión, y un largo etcétera de opciones configurables que le ofrecen hasta la posibilidad de saber cuantos oyentes están escuchando su emisión en cada momento. Facilidades que no serían posibles sin realizar un inmenso desembolso económico en equipos que, además, romperían con la posibilidad de montar nuestra emisora en casa.

No pretendo convertir este capítulo en un manual de Sam Broadcaster Pro, pero si le apuntaré alguna de las muchas cosas que esta formidable herramienta informática puede hacer para facilitarle una cómoda experiencia durante sus transmisiones ya que su sistema de ventanas, totalmente modulables, le permite tener a la vista solamente aquellas que necesite usar habitualmente.

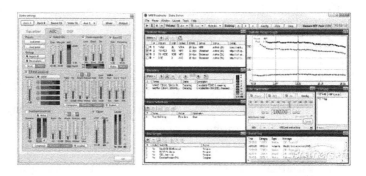

En la parte técnica, que deberá configurar y manejar para que su programación goce de la mejor calidad de sonido posible, destaca un completísimo procesador de audio integrado que cuenta, entre otras utilidades, con procesadores multibanda que contienen compresor, Expansor y limitador por cada banda que harán que su sonido no tenga nada que envidiar a las grandes emisoras.

Para las radios musicales, Sam Broadcaster Pro cuenta con la posibilidad de automatizar la emisión para que funciones las veinticuatro horas del día y los siete días de la semana aunque su emisora esté desatendida, gracias a dos 'platos' que permiten que la lista de canciones se reproduzca de forma alternativa con la posibilidad de realizar un desvanecimiento progresivo cruzado en el intercambio de canciones, así como previsualizar las mismas, a través de los auriculares, antes de que salgan al aire.

Por último, ya tendrá tiempo de conocer más profundamente el sistema si decide incorporar este software a su emisora, destacar el sistema de medición de audiencia que le permitirá conocer cuantos oyentes tiene en cada momento de la emisión, así como los picos de audiencia, generando informes que serán muy útiles a la hora de justificar su número de oyentes ante posibles anunciantes.

Si no tenemos intención de emitir en directo, si preferimos preparar nuestros programas en el estudio y posteriormente emitirlos, probablemente la opción de software pasa por una solución de automatización para emisoras. Aunque ya hemos comentado que en los servidores de streaming existe el autodj, que nos permite la continuidad de nuestra parrilla, los automatizadores van un paso más allá y nos facilitan características propias de las emisoras de radio.

Como ocurre con el software de directo, los automatizadores también disponen de una variada oferta. Probados unos cuantos, mi elección se decanta por ZaraStudio una completa aplicación de escritorio que no depende de ningún servidor adicional para funcionar lo que simplifica su instalación y, desde luego, su mantenimiento. Además, es sumamente estable por lo que puede tenerla en funcionamiento ininterrumpidamente.

Entre sus múltiples ventajas destaca el que no sea necesario convertir los audios ya que ZaraStudio admite todos los formatos. La posibilidad de conectar con una fuente externa, es otra gran ventaja que le permitirá conectar con otras emisoras o fuentes de audio. Además, cuenta con una serie de pequeñas herramientas con las que emitir señales horarias, dar la temperatura, etc.

PODCAST, LA RADIO A LA CARTA

Son muchas las definiciones que podemos encontrar para explicar que son los podcasts. Seguramente, si le preguntásemos a una decena de personas obtendríamos otras tantas respuestas. Las hay sumamente complejas que explican al detalle conceptos como sindicación, pero también las que nos permiten definiciones sencillas. Creo que con saber que un podcast no es más que un archivo de audio creado para ser distribuido por internet con intención de reproducirlo en reproductores portátiles, tendremos un criterio bastante acertado del concepto.

Algunos autores siguen empeñados en relacional la palabra podcast con el acrónimo formado por las palabras iPod –en referencia al producto de Apple- y broadcast, entendiendo que eran programas de radio realizados exclusivamente para ser reproducidos en los aparatos de la empresa de Cupertino. Desde luego, nada más lejos de la realidad, aunque tampoco falto de razón. Como explican Juan F. Marcelo y Eva Martín en su libro "Podcasting" (Anaya Multimedia, 2008), "pod" es el mote con el que se conoce a los pequeños reproductores de MP3 que tanto se popularizaron a principio de los años 2000, aunque no encontramos la primera referencia a la palabra hasta el 2004, cuando el periodista inglés Ben Hammersley la escribía en un artículo que publicaba en The Guardian, hablando sobre las bondades de ofrecer al oyente la posibilidad de acceder a contenidos cuando se desee. En ese mismo año, surgen en España numerosos podcast como 'Punto y Aparte' o 'Soliloquios'.

El origen del podcast está relacionado con el de los blogs. De la misma forma que el 'blogger' plasma sus conocimientos escribiendo sobre determinado tema, el 'podcaster' lo hace de viva voz. Por eso no es de extrañar que, durante mucho tiempo, los podcasts fueron privativos de particulares que dejaban que su pericia fuese escuchada en la Red. Más tarde, las emisoras de radio descubrirían la importancia de poner las grabaciones de sus programas a disposición de sus oyentes para que estos los escuchen en el momento que más les convenga. ¿Por qué no? Total, los programas ya se grababan y almacenaban. Ahora, en lugar de dejar esas copias en un rincón, se utilizan para dar contenido y fidelizar oyentes. Nace así la radio a la carta.

Es importante que también usted comprenda la necesidad de poner a disposición de sus oyentes los podcasts de sus programas. Si bien es cierto que hoy en día, y gracias a los smartphones, la radio por Internet se puede escuchar en cualquier lugar, no siempre nuestra programación coincide con los horarios de nuestros oyentes y a pesar de que habrá previsto suficientes redifusiones de su programa, es muy habitual que la audiencia tenga predilección por escucharle en determinados momentos de su jornada.

Créame, tengo oyentes que confiesan que escuchan mi informativo de las 20 horas a las 15 del día siguiente. Es verdad que ya ha perdido toda actualidad, pero admiten que prefieren sacrificar la inmediatez de la noticia y aprovechar ese momento de tranquilidad en su jornada laboral. Otros, se descargan el podcast del programa y lo escuchan cuando viajan en el metro, mientras hacen deporte o en el coche, de vuelta a casa o de camino a la oficina.

Desde luego, la demanda del oyente es motivo más que suficiente para generar el podcast. Además, si lo piensa bien, esto no supone ningún esfuerzo adicional. Es cuestión de grabarlo mientras que realiza el programa, para después ponerlo a disposición de su audiencia a través de su propia pagina web o de los audiokioscos que proliferan a través de la Red y que ofrecen la ventaja de poder compartir sus archivos en redes sociales o pegando el código HTML en la web de su emisora. Además, estos directorios cuentan con miles de usuarios seguidores de podcast con los que podrá incrementar su audiencia.

Servidores de podcasting

Como decía antes son muchos los servidores de almacenamiento de audio. Más allá de que sean gratuitos o de pago, antes de decidirse por uno u otro debe tener en cuenta la oferta de servicios y la posibilidad de escuchar el audio que aloje. Podbean, Podomatic, Spreaker o Bluebrry, son algunos de los más populares, aunque los más conocidos y utilizados son SoundCloud e Ivoox.

Precisamente, Ivoox es mi favorito, y por varios motivos. Sobre todo, por que se ha convertido en la mayor comunidad de audio a la carta en castellano, lo que hace que cuente con miles de usuarios que acceden a una amplísima variedad de podcast de todo tipo sin necesidad de estar suscritos. Además, es gratuito tanto para el oyente como para el podcaster, y no pone limitaciones ni de almacenamiento ni de transferencia.

CASOS DE ÉXITO

Más allá de la incorporación de las emisiones de las cadenas tradicionales al universo online, en los últimos años han sido muchas las radios que se han creado para ser emitidas por Internet. Algunas de ellas son importantes proyectos empresariales que ya han nacido con un claro espíritu comercial. Otras, por el contrario, son el fruto del esfuerzo, la dedicación y, por que no decirlo, de la obsesión de sus creadores que comenzaron como un entretenimiento y han acabado por hacer de su emisora su modo de vida, más o menos acomodada

En ambos casos, muchas han conseguido alcanzar sus objetivos. Son precisamente de las que habla este capitulo y lo hace en primera persona. Sin lugar a dudas, la mejor manera de conocer la realidad de la radio por Internet y la viabilidad del proyecto que pretende emprender, es escuchar a quienes ya tiene la experiencia, para intentar aprender de sus aciertos y no repetir sus errores. Por eso he invitado a sus creadores a que cuenten su experiencia, y por aquello de predicar con el ejemplo, seré yo el primero en exponer como se gestó La Radio del Golf.

Hay que remontarse hasta 2004 para ponerse en antecedentes. Por entonces decidí junto a mi mujer emprender un proyecto editorial dedicado al deporte del golf en forma de revista digital. Eran los años de bonanza de este deporte en nuestro país, y la periodicidad mensual –a imagen y semejanza de las publicaciones en papel– con la que arrancamos el proyecto, pronto se quedó corta. Se producían decenas de noticias todos los días que acababan en la papelera tras hacer la selección de las que aparecerían a final de mes, por lo que decidimos convertirlo en un diario.

En este formato 'dobleBOGEY.es', que así se llamaba aquella publicación, permaneció durante años con cierto éxito. Pronto aparecerían otras del mismo estilo, y en ese momento decidimos dar un paso adelante creando 'Golfcast', un podcast semanal que complementaba la información del diario con una suerte de tertulia-debate en la que aportábamos opinión sobre diferentes temas que entendíamos de interés para nuestros lectores, convertidos ahora en oyentes a través de su ordenador y que poco a poco se fueron fidelizando, sobre todo desde que enlazamos nuestras producciones en iTunes y otras plataformas que permitían suscribirse a través de los teléfonos inteligentes.

Con el paso de los años, y la colaboración desinteresada de muchos amigos y compañeros de profesión, 'Golfcast' amplía sus producciones y pronto realizamos hasta cuatro programas diferentes. Es entonces cuando decidimos crear una programación y hacer que esos espacios se emitiesen por streaming. Sin embargo, nuestros oyentes siguen prefiriendo escuchar los podcasts de cada programa lo que empieza a darnos algunos dolores de cabeza. ¿Qué estaba pasando para que nuestro conato de emisora no tuviera el mismo éxito?

A fuerza de hablar con amigos y con algunos de los oyentes que habíamos sido capaces de identificar, pronto comprendimos en problema. La radio precisa de dar libertad de movimiento al oyente, y mientras que los podcasts los escuchaban de camino al trabajo o mientras hacían deporte, la emisión por streaming les obligaba a permanecer pegados al ordenador para poder escucharla. Además, el echo de que los programas no fueran en directo, facilitaban la posibilidad de escucharlos en cualquier momento.

Por entonces, la Cadena COPE creó un podcast sobre golf dirigido por Quique Iglesias, al que denominó 'Ryder COPE', en clara alusión al torneo de golf más importante del mundo. Otras emisoras de radio convencional crearon algún programa dedicado al golf destacando sobre todas ellas Radio Marca, que encargó a Guillermo Salmerón la realización del programa "Bajo Par" que se emite varias veces por semana, con gran éxito de audiencia como demuestran sus más de diez años en la parrilla de la radio del deporte por excelencia.

Con este panorama se nos presentaba una nueva oportunidad de destacar sobre la competencia, crear la única emisora de radio que dedicase la totalidad de su emisión al deporte del golf. Así, de la suma de ambos medios, de 'dobleBOGEY.es' y de 'Golfcast', nace La Radio del Golf que en la actualidad emite las 24 horas del día y los 365 días del año, con una mezcla de programas en directo y de redifusiones. Además, al tiempo que realizamos este salto cualitativo, incorporamos a nuestro proyecto la creación de 'apps' para dispositivos móviles lo que facilita a nuestros oyentes seguir la programación en cualquier lugar, liberándoles de la esclavitud que suponía tener que estar pegados a un ordenador.

En cuanto a la realización técnicas de los programas, en la actualidad contamos con un estudio fijo dotado de todas las necesidades para realizar cualquier tipo de programa; y de un estudio móvil que nos permite desplazarnos a cualquier punto del mundo y retransmitir eventos en directo. De hecho, nuestro programa 'El Otro Tee' – relevo natural de aquel 'Golfcast' primigenio- se realiza en directo desde un restaurante madrileño.

Una vez superadas las dificultades técnicas, comprendidas las necesidades y las preferencias de nuestros oyentes, y completado el equipo de colaboradores, el problema ahora radica en la financiación de la emisora. Lógicamente, el nuestro es un planteamiento comercial y, por tanto, vendemos espacios de publicidad en nuestra emisión. No le voy a engañar, esta es la parte del león. Lo más complicado en la lucha diaria por sacar adelante la emisora. Como ya comenté en un capitulo anterior, no le voy a marcar pautas de comercialización, sobre todo por que no soy el más indicado, pero si le diré que debe de contemplar este punto sin miedo. La temática de su emisora le llevará hasta el anunciante con más o menos facilidad. En nuestro caso nos encontramos con muchos anunciantes que, al no tener productos específicos para golfistas, creen que no tienen lugar en la emisora. Nuestro trabajo consiste en hacerles entender que los golfistas, más allá de golpear bolas de golf, se calzan, comen o llevan a sus hijos al colegio.

Si bien es cierto que todo esto da muchos quebraderos de cabeza, la satisfacción de sentarme cada tarde ante el micrófono y hacer en directo un programa de actualidad, con lo que ello significa en cuanto a trabajo y responsabilidad, compensa con creces el esfuerzo dedicado durante el resto del día a la gestión de la emisora.

El éxito de AINYM nos sorprendió a todos

La radio nunca fue mi fuerte. Lo reconozco. Pero la prensa se muere y el ansia de comunicar es más fuerte que el miedo a volar. Quizá me tomé demasiado en serio aquellas palabras de Constantino Mediavilla cuando esta humilde becaria buscaba una oportunidad en Radio 16. "La radio no es lo tuyo, pequeña". ¡Retransmitir partidos de fútbol de 3ª división al hipohuracanado grito de "goooolll!!!" en Radio 5 con Chema Abad tampoco era lo mío. Y eso que escuchaba atentamente los consejos de Rafa Cerro en Antena 3 Radio, pero el pánico a la "alcachofa" era superior. Y recuerdo cuántos lápices rompía atenazados por la tensión, cuando grabábamos "Sal de Frutas" junto a Fran Pomares en los estudios de Onda Madrid en la Ciudad de la Imagen. Definitivamente, la radio no estaba en mi horizonte.

Mi mundo giró durante casi 25 años entorno al lápiz y el papel o lo que es lo mismo, teclado y pantalla. Sin sabes muy bien cómo, Javier Jiménez me convenció para colaborar con su programa Golfcast o lo que luego sería La Radio del Golf. Quizá Javi lo recuerde mejor que yo, pero creo que hasta tartamudeaba al principio y me aturullaba en los primeros programas.

Pronto me di cuenta de que hablarle a mi ordenador, con mi foto de la Ryder Cup de fondo, compartir mis experiencias, mis opiniones y debatir la actualidad del golf con unos amigos por Skype o en un estudio se parecía más a una tertulia de tarde de domingo que a un trabajo de locutor y me fui aficionando. Paralelamente, a mi sórdido trabajo en El Mundo-Marca-Unidad Editorial –y harta ya de galeras- mi oculta doble vida de múltiples personalidades y pseudónimos estaba llegando a una situación insostenible que me podía estallar en la cara en cualquier momento. La Radio del Golf, Colpisa, Tour Europeo, la revista de la PGA… mis propios proyectos, webs y blogs de golf, esquí, gastronomía, pádel…. ¡Una locura!

Cuatro de la madrugada, 8 de octubre de 2012, libre ya de las cadenas de El Mundo. En una barra de bar, donde surgen las grandes ideas y proyectos —y que casi siempre se agotan con la última copa- comenzó a fraguar en mi mente una radio sobre esquí. Unos años antes, entre unos colegas amantes del deporte blanco, habíamos creado la Asociación de Informadores de Nieve y Montaña (AINYM), pero la web se nos quedaba pequeña, obsoleta. El mundo de la comunicación cambia muy rápido y Facebook y Twitter no es un refugio real para un periodista. ¿Y por qué no una radio? Y en aquella barra del Brujas en Madrid comencé a fraguar la idea; y lo que fue mejor aún, con las luces de la mañana, la idea parecía aún mejor.

Como cualquier proyecto, los comienzos fueron duros, complicados, sobre todo para alguien que se adentra en un mundo desconocido. Preguntaba a todo el mundo que pudiera saber algo de esto. ¿Cómo montarme una radio en casa, buena, bonita y sobre todo barata? Era una sensación de vértigo agradable y terrorífica a la vez. Cómo la sensación del periodista que se enfrenta cada día a una hoja en blanco: su peor enemigo.

Pero me hice a mí misma un Marty McFly, ¿Cómo que no puedo? Por mis santos…. que sale… Por supuesto, sin Javier no estaríamos aquí. Me aconsejó qué mesa comprar, qué micrófonos, a centrar nuestras necesidades para saber qué material necesitábamos. Con el hardware en la mesa sólo faltaba el software. El programa de grabación Audacity, el más simple y sencillo; y el hosting gratuito de Soundcloud para alojar los programas que luego colgaríamos en la web y difundiríamos, para eso sí, a través del Facebook, Twitter y todo lo que haga falta.

Y lo que comenzó como un hobby se ha convertido en una radio de éxito. Apenas cuatro meses después, éramos la radio oficial del VIII Congreso Mundial de Turismo de Nieve y Montaña que se celebraba en Andorra.

Celso Vázquez, Chema Bueno, Paco Guerrero y Chiky Trillo seguimos tres años después con "Desde las alturas", el programa de radio de AINYM.

Isabel Trillo
Directora de Radio AINYM

Somos Muchas Sport el referente de la mujer en el deporte

Para entender la historia de Somos Muchas Sport, nos tenemos que remontar a finales de los 80. Por aquel entonces, se creó en Pozuelo de Alarcón una emisora de radio formula, Radio Oeste, que pretendía ser la rampa de lanzamiento de los alumnos de la facultad de Ciencias de la información.

Esta emisora local era conocida como la radio de las dedicatorias, primera en su género y de un éxito apabullante de la que salieron multitud de periodistas que, tras su experiencia en estos micrófonos, encontraron su camino en otros medios nacionales. Locutores como Pilar Cisneros, Ignacio Jarillo, Lourdes Repiso, Nuria Serena y otros muchos dieron sus primeros pasos en Radio Oeste.

Según pasaron los años, los integrantes del proyecto fueron derivándose a otros medios y, lejos de perder el contacto entre nosotros, una noche al año, el 28 de diciembre, nos reunimos para rememorar viejos tiempos.

Así pues, fue en una de estas reuniones, no ha mucho tiempo, que en los postres surgió la idea de crear una emisora por y para mujeres en la que se abordasen todos los temas desde el punto de vista femenino que, como todos pueden entender, son muchos y variados. Unos postres después, y dándonos cuenta que ya habíamos sido pioneros en otras empresas, decidimos centrarnos en el mundo deportivo, que estaba creciendo en éxitos mucho más rápidamente que el masculino, pero sin la relevancia en los medios que se merecían. Y así comenzó Somos Muchas Sport.

Obviamente los tiempos han cambiado y quisimos adaptarnos a las nuevas tecnologías. Aprovechar las redes sociales parecía la idea más rápida y sobre todo más económica. Se creó la sociedad de la que todos somos partícipes y arrancó el proyecto, convirtiéndonos de nuevo en líderes en este mercado puesto que nadie más apuesta por las mujeres deportistas en los medios de comunicación.

Personalmente, Radio Oeste fue mi primer trabajo remunerado y donde descubrí que los locutores eran gente extraña, maravillosa y muy especial, Se alimentaban exclusivamente de micrófono.

Al nacer esta nueva aventura, me comprometí a dirigir el proyecto, siempre y cuando también pudiera compartir tan deseado objeto: el micro. Y es así como me encuentro inmersa en esta locura de intentar dar voz a las deportistas, tanto amateur como profesionales, y poder aportar un granito de arena con el único fin de hacer que este apasionante mundo y sus protagonistas dejen de ser noticia de un modo local y familiar y poder enseñarle al mundo los grandes sacrificios que tienen que hacer compaginando estudios, trabajo, entrenamientos y competiciones semanas tras semanas. Desde Somos Muchas Sport queremos que pasen de "grandes desconocidas" a "Grandes Conocidas".

Tres fueron los condicionantes que se fundieron para dar nacimiento a la idea de crear un medio de comunicación dirigido al "Deporte de la Mujer". En primer lugar, la observación de que desde hace unos cuantos años los éxitos deportivos de las mujeres iban creciendo exponencialmente y, en muchos casos, al mismo tiempo que los de los hombres disminuían. Las mujeres españolas, gracias a sus virtudes de constancia, afán de superación y amor propio nos han venido demostrando a todos y a ellas mismas que son capaces de conseguir cualquier tipo de hazaña deportiva, individual y colectivamente.

En segundo lugar, la tibieza, por no decir la frialdad, de muchos medios de comunicación a la hora de darle tiempos o espacios en sus respectivos medios a las deportistas femeninas, que en muchos casos no han ofrecido una entrevista o una noticia cuando se conseguía un logro deportivo. Por último, pero no por ello menos importante, está la demanda del mundo femenino por conocer a las deportistas, sus logros y todas aquellas vicisitudes por las que pasan hasta lograr sus triunfos.

Cada vez más, la mujer necesita heroínas y referentes que las transporten al mundo de la fantasía y elevar sus nombres a la categoría social de gladiadoras famosas del deporte.

Susana Escolar-Noriega
Directora de Somos Muchas Sport

Ahora 3J Radio, de un humilde blog a una radio de éxito

El proyecto de Ahora 3J Radio nace de la pasión por la radio, existen muchos medios, televisión, prensa... pero considero que el más directo, el más humano, es la radio, de ahí este especial afecto.

El crecer viendo a mi padres y abuelo escuchando, dando igual la hora que fuera, la radio provocó que creciera con ella y que tanto para informarme, como para entretenerme sea, desde pequeño, mi medio predilecto.

Aún así, el proyecto, antes de que ni si quiera fuera tal, nace de un blog, un blog de actualidad, economía, deporte y política. De ahí la idea de llevar el blog al podcast comentando las diferentes entradas. Las escuchas y descargas del podcast obtuvieron bastante más éxito de lo esperado lo que me hizo plantear el dar un paso más, crear mi propia emisora de radio.

Valorando las diferentes alternativas, me decante por un servidor con buenas prestaciones como es Radionomy, aunque existen varias opciones similares.

La idea fue cogiendo forma, tras contestarme varias preguntas:
"¿qué tipo de emisora quiero hacer?"
"¿para quién irá dirigida?"
"¿cuál será su objetivo fundamental?"

Tenía claro que la emisora que quería hacer era una radio que, a mí, como consumidor empedernido de radio, me gustara escuchar, ya que, si no estuviera convencido de lo que iba a hacer, si ni si quiera a mí me iba a agradar, no hubiera llegado muy lejos.

Por este motivo me decanté por una emisora de radio generalista, el servidor elegido me permitía emitir las 24 horas, lo que me gustaría escuchar en esas 24 horas serían varias temáticas, si no me aburriría y llegaría un momento en el que no habría mucho que contar. También tenía claro que primaría más la voz, las palabras, que la música, porque hoy en día el que quiere escuchar solo música tiene su propia lista de reproducción en el móvil o cualquier otro dispositivo.

Era consciente que el perfil de los usuarios de radio online es primordialmente joven, (69% de los oyentes de la radio digital tiene entre 12 y 24 años) pero si de verdad quería que fuera un proyecto sólido, exitoso y duradero, había que ampliar más el abanico, en cuanto a perfil de oyente, e intentar también atraer a personas de una mayor edad. Para ello decidí que habría una destacada presencia de espacios en la parrilla dedicado a este tipo de oyentes, con espacios económicos, políticos y culturales.

Y como objetivo fundamental, como meta, me involucré en la idea de que sirviera como instrumento para dar voz a personas, que no necesariamente estuvieran vinculadas con la radio, para exponer y difundir sus aptitudes, iniciativas y conocimientos, la mayoría de ellos procedentes de destacados blogs y webs.

Este aspecto fue clave y una de las esencias más importantes y características de la nueva emisora, el protagonismo de blogueros en los espacios de la parrilla posibilitaba la sinergia perfecta: la emisora cumpliría así los objetivos marcados, sería una emisora generalista, con temas que irían desde el deporte hasta el misterio, pasando por el cine, la literatura, la economía, etc.

Tendría la posibilidad, de esta manera, de llegar a un amplio y diverso perfil de oyentes y se conseguiría que fuera una herramienta que diera voz a grandes talentos que hay detrás de numerosas webs y blogs.

Gracias, sobre todo, a las redes sociales el proceso de formar un equipo interesado en participar y ser parte del proyecto fue más fácil de alcanzar de lo esperado, aunque es cierto que requirió de un prolongado espacio de tiempo. Una vez configurado el equipo de locutores, se procedió a crear y desarrollar las cuentas en las distintas redes sociales y su propia página web.

Así nacía un mes de abril Ahora Ya Radio, una emisora generalista online con emisión las 24 horas que contaba con veintinueve programas semanales, de gran variedad de temáticas y un equipo de locutores de más de treinta personas que realizaban su programa desde distintas partes del mundo (España, Argentina, México, EEUU, Venezuela, Honduras...).

Con una intensa promoción en Twitter y Facebook, y adhiriendo la emisora a las principales plataformas de radios online, la audiencia del primer mes superó con creces todas las expectativas al superar los 4.500 oyentes, manteniéndose e incluso incrementándose en meses posteriores.

Pasado un tiempo, el número de programas en la parrilla fueron aumentando hasta llegar a los cuarenta semanales. En este momento, siendo consciente que el proyecto se había convertido en algo tangible, con presente y futuro y en progreso, pero también haciéndome abarcar más dedicación de la que en un primer momento me había planteado, se llegó a un acuerdo de fusión con 3J Radio, otra emisora con varios programas de variedad temática y la radio como pasión.

Empezaba un proyecto aún más ambicioso, haciendo uso de un servidor más sofisticado, con más cobertura, más programas en directo, una nueva y elaborada página web, APP para Android, sumando los programas de ambas emisoras más algunos nuevos, era el momento de crecer, el momento de Ahora 3J Radio.

Se conserva la idea de dar voz a destacados blogs y webs y además permitir hacer llegar a más gente geniales podcast que consideramos que no tienen, ni mucho menos, el reconocimiento y la difusión que se merecen.

Para hacernos un hueco entre las principales radios online había que hacer algo diferente: convertimos en la emisora generalista online que ha cambiado la forma de hacer radio.

Tenemos la parrilla más completa, con la mayor variedad, calidad y cantidad de contenidos de la radio online. Contamos con el mejor equipo de la radio online, compuesto por más de 60 locutores, 50 programas de todas las temáticas (deporte, misterio, sexo, actualidad, cultura, humor, música...).

Juntos damos más, para que nuestros oyentes puedan escuchar todo lo que más les gusta, desde el deporte hasta la economía, pasando por el misterio, el sexo, los mejores magazines de entretenimiento, la salud, la cultura, el humor... y por supuesto la mejor música, en una única emisora.

Además, como novedad, ofrecemos en exclusiva nuevos contenidos y formatos, únicos en la radio online, como Audio Series, 12 horas ininterrumpidas de retransmisiones deportivas en directo, boletines informativos, programas conducidos por presentadores desde siete países de varios continentes, espacios con temáticas innovadoras y atrevidas que solo se pueden encontrar en Ahora 3J Radio.

Para llegar a un mayor número de oyentes, optamos por la estrategia de continuar con la sinergia blogs/webs-emisora invitando a nuestros colaboradores y locutores que incluyeran el reproductor de la emisora en sus blogs y webs, de esta manera, cada visitante suyo se convierte en un oyente más, como agradecimiento en nuestra web mostramos todos los blogs y webs en los que suena Ahora 3J Radio.

Esta estrategia, junto al gran trabajo, compromiso, constancia y profesionalidad demostrada por todo el equipo de la emisora, nos ha ayudado a alcanzar los 119.200 oyentes mensuales, dando así lugar el interés de un nutrido número de empresas en anunciarse en nuestro medio y habiendo conseguido ya los primeros ingresos publicitarios con los que poder recompensar de manera económica la dedicación requerida.

Es una gran satisfacción el pensar que lo que empezó tan solo siendo una idea, algo que viene de un humilde blog, un podcast casero, una radio prácticamente amateur, se haya convertido en un medio profesional que llega a tan elevado número de gente y todo bajo una misma ilusión, LA RADIO.

Vicente Aguado Gómez
Director de Ahora 3J Radio

GLOSARIO DE TÉRMINOS RADIOFÓNICOS

abcde
fghijklm
nopqrstuv
wlxyz

Son muchas las expresiones y términos utilizados en radio. La jerga utilizada y la amplia gama de aparatos de los que se rodea el radiofonista, obligan a conocer un importante número de términos que pronto convertirá en cotidianos. A continuación, se recogen los más importantes, pero, sobre todo, aquellos que las nuevas tecnologías no han dejado obsoletos, y los que quedan más cercanos al ámbito de la radio por Internet.

A | **Abocar** Colocar un sonido en el principio para incluirlo en una mezcla.

Abrir Activar el micrófono.

Acústica Ciencia que estudia el sonido; condiciones sonoras de un estudio.

Ad lib Improvisación, comentarios no ensayados.

AF Iniciales de a fondo. Se utilizan en los guiones para señalar al técnico que debe llevar la sintonía a un segundo plano, dejando como principal la del locutor.

Alta fidelidad Reproducción de sonido con calidad similar a la original.

Ajustar Comprobar el nivel de los vúmetros.

AM Sigla utilizada internacionalmente para designar la frecuencia en la que se emite una señal radiofónica: la Onda Media o modulación de amplitud.

Ambiente Sonidos atmosféricos, ruidos de fondo.

Antena Dispositivo para la emisión o recepción de señales electromagnéticas.

APP Iniciales que se emplean en los guiones de radio para indicar al técnico que sonidos pasan al primer plano.

Audiencia potencial Número de personas que pueden acceder a nuestra emisión en un tiempo concreto.

Audio Sonido, modulación, señal.

Automatización Sistema que reproduce una programación predefinida.

Autopromoción Mensajes para realzar la imagen de la emisora o anunciar programas.

Autocontrol Muy habitual sobre todo en la radio fórmulas y en pequeñas emisoras. Se aplica al espacio donde el mismo profesional combina sus conocimientos técnicos básicos para el manejar de equipos con la realización de espacios radiofónicos como locutor o redactor.

B| **Bloque** Periodos de la jornada de emisión.

Bloque informativo Espacio de noticias.

Bloque musical Grupo de canciones emitidas una tras otra sin interrupciones.

Bus Circuitos de la mesa de mezclas que conducen la corriente desde las entradas hasta las salidas.

Cable Hilo, línea, clavija.

C| **Canal** Dirección por la que circula una señal de audio.

Careta Señal sonora que sobre la sintonía o fondo musical incluye créditos, títulos fijos y otros textos sobre los contenidos.

Cascos Auriculares.

Clavija Conexión, contacto.

Cola Final de la pieza radiofónica. Se compone normalmente de una sola frase. Puede aportar una idea secundaria de la noticia.

Colchón Música por detrás de una locución.

Coletilla Comentario después de un mensaje grabado.

Comentario de salida Resumen de la selección musical emitida.

Compresor Aparato empleado para estrechar el rango de sonido y para reducir la distorsión.

Condensador Micrófono basado en las vibraciones del diafragma que genera un cambio de la capacidad de la carga eléctrica almacenada. Con ello obtiene la señal.

Consola Parte del equipo a través del cual se procesan las señales.

Convencional Formato de entrevistas y noticias.

Corte Selección breve de una declaración separada del resto. Un extracto del bruto que se prepara de forma separada para su emisión.

Cortinilla Señal sonora que separa las diferentes secciones en un espacio radiofónico.

Crónica Reportaje. Habitualmente desde el lugar del suceso.

Cuadratura Se denomina así a la combinación armónica de la presencia, y también la ausencia, de la voz del locutor sobre la música. Para lograr una cuadratura optima hay que respetar compases y frases musicales, evitando pisarlos con la locución.

Cuña Es la fórmula publicitaria más implantada en la radio. Se presenta como un anuncio breve que se repite tantas veces como hayan sido contratadas.

D|

Dar micro Expresión que indica que se debe abrir regleta, para que el locutor pueda intervenir.

Decibelio Unidad de medida de volumen.

Declaraciones Expresiones orales de protagonistas.

Desvanecer Bajar lentamente el volumen hasta silenciarlo.

Dial Frecuencia concreta en la que se emite. Se expresada numéricamente, aunque de forma específica según se trate de Onda Media o Frecuencia Modulada.

Disc-Jockey Pinchadiscos, DJ, locutor.

E|

Eco Repetición de un sonido. Reverberación.

Ecualizar Atenuar o reforzar las frecuencias de los sonidos para conseguir una mejor relación señal-ruido.

Ecualizador gráfico Ecualizador que representa una disposición visual de la respuesta de frecuencia.

Editar Revisar o mejorar la previsión del texto del guión de noticias. Inserción, mezcla y edición del sonido.

Efectos sonoros Combinación de sonidos diversos que evocan la realidad o ayudan con la imagen auditiva.

Emisión radiofónica Transmisión a distancia del sonido a través de ondas hertzianas o radioeléctricas. Actualmente también por Internet.

Eje Línea que delimita el área de efectividad de un micrófono.

Encabezamiento Frase, resumen o titular que condensa los la noticia.

Enlatado Programa grabado.

Entonación Variaciones de tono en nuestra voz a medida que hablamos.

Entrada Señal hecha al locutor para que inicie su intervención ante el micrófono. Punto en que se recibe la señal.

Entradilla Texto breve de un programa o espacio informativo con el que captar la atención del oyente ante la noticia, entrevista o reportaje que se emite a continuación sin desarrollarlo.

Estéreo Sonido distribuido en dos canales.

Entrevista Género informativo que consiste en la emisión de preguntas y respuestas con protagonistas de la actualidad o expertos relevantes.

Equipo transmisor En la radio tradicional, está integrado por un limitador (necesario para evitar distorsiones y posibles interferencias), un codificador (sólo en el caso de emisión estereofónica), un modulador (útil para modular la señal en amplitud o en frecuencia), un excitador (válido para llevar la señal al amplificador) y un amplificador final (elemento que hace llegar la señal a la antena). En nuestro caso, todas estas funciones están cubiertas por el software.

Escaleta Esquema de contenidos de un programa.

Escucha previa Dispositivo para oír y medir volúmenes antes de salir a antena.

Estudio de radio Sala donde se realiza un programa de radio, ya sea emitido en directo o grabado. En este estudio se controlan todas las fuentes sonoras que en un espacio radiofónico se generan.

Expansor Aparato que incrementa el rango dinámico de las señales que están por debajo del umbral.

Expresión fonoestésica Es la expresividad sonora que transmiten todos aquellos caracteres no verbales que acompañan a las palabras habladas (tono, timbre, intensidad, ritmo, énfasis, inflexión, etc.) y que informan sobre el gesto, la actitud, el carácter, el aspecto físico y el contexto del emisor, o bien sobre la forma, el tamaño, la textura, el color, el movimiento, etc. de aquello que describe oralmente el emisor.

F| **Fade On** Disminución gradual del volumen de un sonido.

Fader Deslizador con el que se gradúa el sonido en la mezcladora

Fase Se denomina estar en fase cuando las ondas sonoras están al unísono.

Fidelidad Realismo en la reproducción de un sonido.

Filtrar Tratar el sonido para conferirle una textura diferente al audio.

Formato Tipo de programa.

Frecuencia Número que veces que vibra una fuente de sonido.

Fuera de micro Cualquier cosa dicha fuera del rango de captación. Fuera del eje.

Fundido Indicación para que se encadenen sonidos o contenidos. También llamado fundido cruzado.

G | **Ganancia** La cantidad de amplificación que se establece en un equipo de sonido, expresada en decibelios.

Golpe Efecto musical que acentúa un momento. En los informativos se llama punto y, de hecho, es esa función ortográfica la que cumple.

Golpe de letra También conocido como 'popeo'. Es la distorsión de sonido que provoca la acentuación excesiva de consonantes oclusivas.

Grupo fónico Mínima expresión del discurso con sentido y recogida entre dos pausas.

Guión Escrito que recoge los detalles necesarios para la realización de un programa de radio. Incluye los textos que serán locutados por el presentador, fuentes de sonido externas (conexiones, unidades móviles,), recursos sonoros y las instrucciones técnicas para el control.

H | **Hertzio**s Unidades de medición de la frecuencia.

I | **Imagen auditiva** Es la imagen que creamos en el oyente a través de los sonidos que le hacemos llegar en la emisión.

Impedancia Resistencia de un circuito eléctrico al flujo de corriente.

Inalámbrico En referencia al micrófono sin cable.

Indicativo Elemento sonoro breve que indica al oyente la emiso-ra que está escuchando.

Intervalo publicitario Ubicación de las cuñas durante el programa.

Intro Elemento introductorio. Sonido de apertura.

Insonorización Es la adaptación del estudio para conseguir que los sonidos no deseados no sean captados por los micrófonos.

J|
Jingle Producción musical, autopromoción.
Jirafa Brazo largo que permite el ajuste del micrófono.

L|
Limitador Dispositivo para evitar que el nivel de señal exceda de un valor determinado.
Lista Lista de canciones preparadas para su emisión.
Lloro Distorsión del sonido.
Locución Acción de hablar.
Locutar Hablar.
Locutor Persona que se dedica a presentar programas o leer noticias por radio. Originalmente su misión era exclusivamente la locución de noticias.

M|
Magazine Es un espacio contenedor que da cabida a distintos contenidos y diferentes géneros.
Master Grabación original.
Mesa Consola de sonido; mezclador.
Microespacio Unidad temática de la programación de una emi-sora que, en tiempo breve y con estructura propia, trata sobre noticias, asuntos o personajes. Muy habitual como espacio de contenido comercial.
Micrófono Aparato que convierte la energía acústica en eléctrica.
Micrófono bidireccional Micrófono que recoge el sonido que le llega desde adelante y desde atrás.
Micrófono de bobina Micrófono cuyo diafragma está conectado a una bobina que al vibrar genera una señal eléctrica. También llamado micrófono dinámico.
Micrófono de cinta Micrófono que crea la señal eléctrica a partir de una fina lámina conectada entre los dos polos de un imán.
Micrófono dinámico Ver micrófono de bobina.

Micrófono omnidireccional Es el micrófono capaz de recoger los sonidos en un radio de 360°, es decir, los que le llegan desde cualquier dirección.

Micrófono unidireccional A diferencia el anterior, solo es capaz de recoger el sonido que le llega desde un único punto.

Monitor Altavoz del estudio; escuchar; pre escuchar.

Montaje radiofónico Es la combinación de distintos sonidos con el fin de generar una acción.

Muting Sistema por el que los altavoces de la mesa se desconectan al activarse el micrófono.

N | **Noticias** Es el género informativo radiofónico por excelencia.

Nivel Cantidad de unidades de volumen; medida del sonido; resonancia.

P | **Paisaje sonoro** Serie de sonidos organizados narrativamente que generan en el oyente de radio la percepción de un determinado espacio.

Panorámica Movimiento por el que el sonido se desplaza de un canal a otro.

Pantalla Gomaespuma que recubre el micrófono y que evita el efecto de las consonantes oclusivas.

Parrilla Resumen de la oferta radiofónica de la emisora

Paso a corte Expresión en el guión para indicar que el locutor dará paso al corte donde el protagonista expone o amplía dicha idea. Normalmente, el paso a corte termina indicando el nombre, apellido y cargo de la persona que se escuchará.

Patrocinador Anunciante, cliente.

Pausa valorativa Silencio que se marca para dar mayor importancia al contenido que sigue.

Pauta Esquema previo al guión que contiene la estructura de un espacio radiofónico. En él figuran los bloques temáticos y la duración estimada de cada uno de ellos, pero se excluyen textos de locución e instrucciones técnicas.

Período de desconexión Se trata del espacio que las grandes cadenas aprovechan para interrumpir su programación para ofrecer información o programas de carácter local.

Perilla Control giratorio de la mezcladora

Pieza radiofónica Es el conjunto formado por audio, locución y texto montado. La pieza informativa es en radio lo que el artículo en el periódico.

Podcast Emisión de radio o de televisión que un usuario puede descargar de internet mediante una suscripción previa y escucharla tanto en una computadora como en un reproductor portátil.

Potenciómetro Mando para el control de volumen; regleta. Al que controla la salida global de la mesa de mezclas, se le conoce como 'potenciómetro principal'.

Preamplificador Amplificador auxiliar que aumenta la fuerza de una señal débil antes de llegar a la entrada del amplificador principal.

Pre-escucha Canal que permite escuchar el sonido antes de emitirlo para valorar o revisar el material grabado.

Procesador de sonido Se emplea para alterar el tiempo, la frecuencia o la amplitud del sonido; procesador digital.

Punto Recurso radiofónico que tiene la misma función que el indicativo, pero aplicado a un espacio concreto de la programación.

Puente Sonido empleado para unir diferentes momentos de la producción.

R | **Radio comunitaria** Las radios comunitarias tienen un perfil diferente a las radios libres. Aceptan ingresos publicitarios, admiten subvenciones por parte de organismos públicos y tienen a su cargo a personal asalariado.

Radio convencional Emisora que alterna en su programación todo tipo de espacios y formatos radiofónicos.

Radio-fórmula El término define también a las emisoras que poseen una programación eminentemente musical y tienen un esquema formal que se repite durante todo el día.

Radio libre Emisora sustentada fundamentalmente en el trabajo voluntario, sin ánimo de lucro e ideológicamente alejada de las grandes corrientes de opinión.

Radio temática o monográfica Emisora cuya programación trata exclusivamente sobre una materia genérica y utiliza variedad de formatos radiofónicos para diferenciarse de la radio-fórmula.

Ráfaga Es muy similar a las cortinillas. También es una señal sonora pero más corta y tajante que separa noticias.

Rebajar Atenuar, reducir el volumen.

Relación señal-ruido Relación que existe entre una señal de sonido y el ruido producido por el aparato que la produce.

Redundancia Es una técnica de redacción que consiste en reiterar las ideas más importantes con el fin de que el oyente las fije en su mente.

Retroalimentación Transmisión de información en dos direcciones que busca compartir contenidos entre el emisor y el receptor.

Reverberación Redundancia del sonido; reflexión del sonido.

Ruido Sonidos no deseados en una grabación. Silbidos, siseos, ruidos de fondo, etc.

S |
Salida Palabras con las que se termina una grabación
Salidas Puntos de los cuales sale la señal hacia otros aparatos
Saturación Sobremodulación; por encima del umbral adecuado; volumen excesivo.
Sección Cada una de las partes diferenciadas en las que, sin formar parte de la continuidad, se puede dividir un programa.
SFX, Sound effects Efectos de sonido.
Sintonía Señal sonora, generalmente una melodía, que marca el comienzo y el final de un espacio radiofónico. Sirve para identificarlo entre los demás.
Sonido Vibración detectada por el oído humano. Generalmente el sonido se mueve en un rango de frecuencias entre 15 y 18 KHz.
Streaming La palabra streaming se refiere a una corriente que fluye sin interrupción. Adaptado a la radio, el término hace referencia a la tecnología que aparece en 1995 para la reproducción multimedia através de Internet.

T |
Testimonios Expresiones orales de los protagonistas o testigos de determinados acontecimientos que transmiten sus experiencias sobre los mismos.
Timbre Cualidad de la voz por la que las voces se diferencian. Es la mayor o menor elevación del sonido producido por la rapidez de la vibración de las cuerdas vocales.

V |
Volumen Cantidad de sonido; nivel de sonido.
Vúmetro Medición calibrada del volumen de la señal; medidor de nivel.

Periodista y locutor, Javier Jiménez (Madrid, 1964) se vanagloria de ser uno de los guardianes de la palabra radiofonista. Criado junto a un transistor, desde su infancia, pronto quiso pasar al otro lado y ser él quien contase aquellas historias. Con la radio siempre en el pensamiento la vida le llevó al oficio de narrador y los derroteros de la profesión a relatar las pasiones surgidas del deporte.

En 2010 funda junto a su mujer La Radio del Golf, la única emisora española que cubre su parrilla con programas dedicados a este deporte, y por la que en 2012 obtuvo el prestigioso European Podcast Award. En la actualidad compagina su labor al frente del programa "PAR72" con colaboraciones en otras emisoras de radio y la asesoría para la creación de nuevas radios online.

Más allá de la radio, escribe columnas de opinión en diversos periódicos digitales y en el blog "La ciudad de las tormentas".

@JavierJimenz
javierjimenez.press@gmail.com